ALL GÄU

INSIDER-TIPP
Deine
Abkürzung
ins Erleben!

Reisen mit MARCO POLO
Insider-Tipps

MARCO POLO
TOP-HIGHLIGHTS

NEBELHORNBAHN ⭐1
Schon die Seilbahnfahrt ist ein echtes Erlebnis – und der 400-Gipfel-Blick auf die Allgäuer Hochalpen unvergesslich (Foto).
📷 *Tipp: Klarer Fall für die Panoramafunktion deiner Kamera!*

➤ S. 62, Oberallgäu

BREITACHKLAMM ⭐2
Auf Stegen über gurgelndem Wasser durch die tiefste Felsenschlucht Mitteleuropas: eine atemraubende geologische Schulstunde.
📷 *Tipp: Mittags erreicht die Sonne auch den Grund der Schlucht.*

➤ S. 64, Oberallgäu

SKYWALK ALLGÄU ⭐3
40 Meter über dem Erdboden: Auf dem Baumwipfelpfad bei Scheidegg stehst du buchstäblich über den Dingen.

➤ S. 78, Westallgäu

EISTOBEL ⭐4
Herrlich, durch die Schlucht bei Grünenbach zu spazieren und die Füße im Bach zu baden.
📷 *Tipp: Längere Verschlusszeit (1 Sek.) zaubert „weiches Wasser".*

➤ S. 82, Westallgäu

ALTSTADT VON MEMMINGEN ⭐5
Alles nur Fassade(n)? Nein, aber die sind in der alten Reichsstadt besonders schön herausgeputzt.

➤ S. 88, Unterallgäu

SCHWÄBISCHES BAUERNHOF-MUSEUM
In Illerbeuren kannst du in Bayerns ältestem Freilichtmuseum tief in die Vergangenheit eintauchen.

➤ S. 90, Unterallgäu

BASILIKA ST. ALEXANDER UND THEODOR

Entdecke in Ottobeuren eine der großartigsten deutschen Barock-kirchen in aller Pracht.

➤ S. 90, Unterallgäu

KLOSTER ST. MANG – MU-SEUM DER STADT FÜSSEN

Kaisersaal und Totentanz: Im baro-cken Kloster liegen Schönheit und Tod nah beieinander.

📷 *Tipp: Den besten Blick aufs Kloster hast du von jenseits der Lechbrücke.*

➤ S. 108, Ostallgäu & Neu-schwanstein

SCHLOSS NEUSCHWANSTEIN

Lass dich von der Fantasiewelt und den technischen Spielereien in König Ludwigs Traumschloss verzaubern.

 Tipp: Von der Marienbrücke hast du die beste Perspektive.

➤ S. 111, Ostallgäu & Neu-schwanstein

MUSEUM DER BAYERISCHEN KÖNIGE

In Schwangau kannst du auf den Spuren der Wittelsbacher wandeln und ihre Familienerbstü-cke bewundern.

➤ S. 114, Ostallgäu & Neu-schwanstein

INHALT

UNTERALLGÄU

OSTALLGÄU & NEUSCHWANSTEIN

WESTALLGÄU

OBERALLGÄU

36 DIE REGIONEN IM ÜBERBLICK

38 OBERALLGÄU
42 Kempten 47 Rund um Kempten
48 Oberstaufen 50 Rund um
Oberstaufen 51 Immenstadt
53 Rund um Immenstadt 55 Bad
Hindelang 57 Rund um Bad
Hindelang 58 Hörnerdörfer
60 Rund um die Hörnerdörfer
61 Oberstdorf 64 Rund um
Oberstdorf

66 WESTALLGÄU
70 Bad Wurzach 72 Wolfegg
73 Rund um Wolfegg 74 Wangen
77 Rund um Wangen 77 Scheidegg
78 Rund um Scheidegg 80 Isny
82 Rund um Isny

84 UNTERALLGÄU
88 Memmingen 89 Rund um
Memmingen 90 Ottobeuren
92 Mindelheim 93 Rund um
Mindelheim 94 Bad Wörishofen

96 OSTALLGÄU & NEUSCHWANSTEIN
100 Kaufbeuren 102 Rund um
Kaufbeuren 103 Nesselwang
105 Pfronten 106 Rund um
Pfronten 107 Füssen 111 Rund
um Füssen 111 Schloss
Neuschwanstein 114 Rund um
Schloss Neuschwanstein

INHALT

MARCO POLO TOP-HIGHLIGHTS

2   Die 10 besten Highlights

DAS BESTE ZUERST

8   ... bei Regen
9   ... Low-Budget
10   ... mit Kindern
11   ... typisch

SO TICKT DAS ALLGÄU

14   Entdecke das Allgäu
17   Auf einen Blick
18   Das Allgäu verstehen
19   Klischeekiste

ESSEN, SHOPPEN, SPORT

26   Essen & Trinken
30   Shoppen & Stöbern
32   Sport

MARCO POLO REGIONEN

36   ... im Überblick

ERLEBNISTOUREN

118 Das Allgäu perfekt im Überblick
123 Mit dem Rad zu einsamen Badeseen im Westallgäu
127 Schwarzer Grat und wilder Adeleggwald
130 Genusstour über Berg und Tal bei Bad Hindelang
133 Radwanderung um den Forggensee

GUT ZU WISSEN

136 **DIE BASICS FÜR DEINEN URLAUB**
     Ankommen, Weiterkommen, Im Urlaub, Feste & Events, Notfälle, Wettertabelle

142 **URLAUBSFEELING**
     Bücher, Filme, Musik & Blogs

144 **TRAVEL PURSUIT**
     Das MARCO POLO Urlaubsquiz

146 **REGISTER & IMPRESSUM**

148 **BLOSS NICHT!**
     Fettnäpfchen und Reinfälle vermeiden

⏱	Besuch planen	🍴	Essen/Trinken
€–€€€	Preiskategorien	🛍	Shoppen
(*)	kostenpflichtige Telefonnummer	🍸	Ausgehen

(📖 A2) Herausnehmbare Faltkarte
(0) Außerhalb des Faltkartenausschnitts

BESSER PLANEN MEHR ERLEBEN!

Digitale Extras
go.marcopolo.de/app/all

DAS BESTE ZUERST

Seealpsee bei Oberstdorf

BEST OF 🌂

BEI REGEN

SCHÖN, AUCH WENN ES REGNET

AB IN DIE SÜDSEE!

Das Wetter spielt überhaupt keine Rolle, wenn du dich im warmen Thermalwasser unter Palmen räkelst, dir einen Drink an der Poolbar und einen Aufguss in der Sauna gönnst. Dieses exotische Luxusambiente erlebst du in der *Therme* in Bad Wörishofen.

➤ S. 95, Unterallgäu

AUSFLUG NACH MINDELHEIM

Fahr ans nördliche Ende des Allgäus, bummle durch die *Museen* im ehemaligen Jesuitenkolleg und verbring einen Nachmittag mit spannenden Uhrengeschichten bei der Führung im *Schwäbischen Turmuhrenmuseum* (Foto).

➤ S. 93, Unterallgäu

STADTBUMMEL IN KEMPTEN

Völlig trocken bleibst du beim Shoppingtrip ins *Forum Allgäu,* mit Schirm kommst du auch prima zum *Alpinmuseum,* wo du von der nächsten Berg-

tour träumen kannst, oder zur unterirdischen *Erasmuskapelle* mit ihrer faszinierenden Multivisionsshow.

➤ S. 44 ff., Oberallgäu

WANDERN ÜBER GURGELNDE WASSER

Bei Regen ist die Wanderung durch die *Breitachklamm* bei Oberstdorf besonders schön. Denn dann gurgelt, sprudelt und zischt das Wasser der Breitach noch dramatischer als sonst durch die Schlucht – und es ist auch noch weniger los!

➤ S. 64, Oberallgäu

AUF DEN SPUREN DER KNAPPEN

Die Führung durch die *Erzgruben-Erlebniswelt* bei Burgberg am Grünten ist auch bei Regen ein Erlebnis und in den kühlen Stollen brauchst du sowieso eine Jacke. Dafür sitzt es sich danach umso gemütlicher bei einem deftigen Imbiss.

➤ S. 60, Oberallgäu

BEST OF

LOW-BUDGET

FÜR DEN KLEINEN GELDBEUTEL

WERTE AUS PERGAMENT

Ehrfurcht statt Cash: Kostbare Handschriften und Bücher von Luther, Melanchthon, Zwingli sowie anderen bedeutenden theologischen Gelehrten und Predigern kannst du in der Isnyer *Prädikantenbibliothek* in der Nikolaikirche für gerade mal drei Euro bewundern (Foto).
➤ S. 81, Westallgäu

BERGBAHNFAHRTEN FÜR NULL CENT

An sich sind Bergbahnen teure Vergnügen. Gratis fährst du, wenn du einen Gastgeber wählst, der eine Gästekarte ausgibt.
➤ S. 138, Gut zu wissen

OASE DER STILLE

Mitten in Kaufbeuren eine kleine Auszeit nehmen – der *Klosterberggarten* steht tagsüber allen kostenlos offen.
➤ S. 101, Ostallgäu & Neuschwanstein

VON BAROCK UMGEBEN

Die berühmte *Basilika* in Ottobeuren zu besichtigen ist ebenso kostenlos wie den hochkarätigen Orgelkonzerten zu lauschen, die dort im Sommer samstags stattfinden (Spenden erlaubt).
➤ S. 90, Unterallgäu

KULTUR GRATIS

Ob der barocke Kreuzherrensaal, das Parishaus im feinsten Rokoko, die Mittelalter-Museen im Antonierhaus oder die zeitgenössische MEWO-Kunsthalle: In Memmingen kosten Museen keinen Eintritt.
➤ S. 88, Unterallgäu

SCHWIMMIDYLLE MIT STIL

Das *Waldseebad* in Lindenberg wartet mit allem auf, was ein klassisches Freibad benötigt: u.a. Duschen, eine gepflegte Liegewiese. Trotzdem badest du im Waldsee gratis – nur Eis und Kaffee musst du bezahlen.
➤ S. 79, Westallgäu

BEST OF

MIT KINDERN

SPANNENDES FÜR GROSS & KLEIN

IM REICH DER BERGBAUERN
Ein Bauernhof mit einem Heustock zum Herumhüpfen, viele Tiere, Spielplätze, ein Trettraktorparcours und ein begehbarer Kuhmagen: Das *Allgäuer Bergbauernmuseum* in Diepolz ist für Kindergarten- und Grundschulkinder ein Spiel-, Spaß- und Lernvergnügen.
➤ S. 54, Oberallgäu

FAMILIENSPASS AM BERG
Das *Söllereck* bei Oberstdorf ist mit Sommerrodelbahn, Klettergarten, Spielplatz und Holzkugelbahn ein echter Familienspaßberg. Bergbahn fahren, wandern und einkehren könnt ihr natürlich auch.
➤ S. 64, Oberallgäu

KINDGERECHTE WASSERWELT
Das Erlebnisbad *Aqua Mundo* in der Center-Parcs-Anlage bei Leutkirch steht auch Tagesgästen offen und lässt mit Rutschen, Wildwasserbahn, Wellenbad, Kletter- und Schnorchelbe-cken und Wasserspielwelt keinen Kinderwunsch unerfüllt.
➤ S. 83, Westallgäu

BAYERNS GRÖSSTER FREIZEIT-PARK
Im *Skyline Park* bei Bad Wörishofen vergeht für Familien der Tag wie im Flug; für die größeren Kids gilt das im wahrsten Sinne des Wortes, denn sie können in etlichen Fahrgeschäften abheben.
➤ S. 95, Unterallgäu

AUF DER GANZJAHRESRODEL-BAHN
Der *Alpsee Coaster* bei Immenstadt ist fast 3 km lang und bis zu 40 km/h schnell: Hier juchzen auch Teenager noch begeistert. Wem das nicht reicht: In der *Alpsee Bergwelt* liegen mit der *Abenteuer Alpe* auch noch ein riesiger Spielplatz und ein Hochseilgarten mit sehr coolen Flying-Fox-Parcours.
➤ S. 54, Oberallgäu

DAS ERLEBST DU NUR HIER

ALLES KÄSE

Sommerliche Almweiden, dumpfes Kuhglockengeläut, würziger Bergkäse direkt aus der Sennerei. Der Allgäuer Käse ist legendär gut. Genieß ihn z. B. in der *Käsküche* in Isny.
➤ S. 82, Westallgäu

WANDERN GEHEN

So viele Müller kann es gar nicht geben, wie das Allgäu Wanderlustige empfängt. Zu Wandertouren vom leichten Spaziergang bis zur schweißtreibenden Bergkletterei laden auch die *Hörnerdörfer* rund um Fischen ein.
➤ S. 34, Sport

DUNKLE GEWÄSSER

Wer gern im Freien schwimmen geht, kann sich selbst eine Moorkur verordnen und in das weiche, warme und dunkle Wasser der Moorseen des Westallgäus tauchen, etwa im *Badsee Beuren.*
➤ S. 82, Westallgäu

LEBENDIGES BRAUCHTUM

In den Allgäuer Alpen erlebst du heute noch den traditionellen *Almabtrieb* im Herbst, wenn die geschmückten Kühe mit schweren Glocken behängt den Weg ins Tal antreten und mit Volksfeststimmung empfangen werden. Doch nicht nur *Viehscheid* (Foto) und Volksfeste, Fasching und Funkensonntag, auch andere, teils vorchristliche Bräuche wie das *Räuchern* und *Abbeten* werden im Allgäu noch immer gepflegt.
➤ S. 20, Das Allgäu verstehen

PRÄCHTIGE BAROCKBAUTEN

Im Allgäu staunst du über monumentale Gotteshäuser und Klöster in Dörfern und Städten – sie sind Zeugnisse des tiefen Glaubens und Zeichen der Hoffnung und des Aufbruchs nach kriegerischen Zeiten. Barock bewundern kannst du z. B. in der *Basilika St. Lorenz* in Kempten.
➤ S. 43, Oberallgäu

SO TICKT DAS ALLGÄU

Beim Alphorn-Festival in Baad

ENTDECKE DAS ALLGÄU

Wie am Schwansee kann man im Voralpenland beides genießen: Berge und Seen

Was siehst du vor dir, wenn du ans Allgäu denkst? Wenn es dir wie den meisten Menschen geht, vermutlich: Friedlich grasende Kühe auf grünen Hügeln, mächtig aufragende Berggipfel unter blauem Himmel, schimmernde Seen und ein Märchenschloss. Dazu zupackende Bergbauern und Alphirten, dampfende Kässpatzen und eine lustige Gesellschaft auf der Alpe oder im Biergarten.

Das sind natürlich Klischees und Bilderbuchfantasien. Das Besondere am Allgäu ist: An den Klischees ist was dran.

DIE BILDERBUCHLANDSCHAFT GIBT ES WIRKLICH

Die Berggipfel der Allgäuer Hochalpen rund um Oberstdorf ragen in schroffer Schönheit in den Himmel. Entlang wilder Bergbäche wie der Stillach, Trettach

15 v. Chr.
Eroberung durch die Römer

18 n. Chr.
Der griechische Geograf Strabon erwähnt die keltische „Stadt" Kambodounon

3. Jh.
Alemannen breiten sich aus

6.–10. Jh.
Christianisierung

1079–1268
Stauferzeit: Herzogtum Schwaben

13.–16. Jh.
Wirtschaftliche Blüte: Tuch- und Leinenweberei, bedeutender Fernhandel

1525
Bauernkrieg

und Breitach lässt es sich durch grüne Täler wandern, die von Bergweiden mit grasenden Kühen gesäumt sind.

Auch die Schlösser Neuschwanstein und Hohenschwangau sind zu Recht berühmt: Sie verkörpern den Traum von der idealen mittelalterlichen Burg inmitten der dramatischen Kulisse der Ammergauer Alpen. Hinter Neuschwanstein ragt der Tegelberg auf wie ein riesenhafter, stummer Wächter. Vom Schloss aus blickt man auf den blaugrünen Spiegel des Forggensees, auf dem sich weiße Segel wie Schwäne tummeln.

Die letzte Eiszeit hat im Voralpenland neben Moränenhügeln und Mooren auch zahllose Seen hinterlassen: Von Bergen umschlossen liegen der kleine, geheimnisvolle Alatsee und der Große Alpsee bei Immenstadt, der in königlichem Blau schimmert. Moorig-braun und weich ist dagegen das Wasser vieler kleiner Badeseen im Westallgäu.

MEHR ALS KOPFKINO

Aber es gibt im Allgäu noch viel mehr zu entdecken und zu erleben, denn die reale Region ist wesentlich größer und vielfältiger als das Kopfkino es vermuten lässt: Das Allgäu war nie reich, und zwischen 1600 und 1720 verwüsteten Kriege, Hungersnöte und die Pest die Region. Trotzdem oder vielleicht gerade deswegen sind in dieser Zeit prachtvolle Bauten entstanden: Fürstliche Residenzen, herrschaftliche Stadthäuser, stolze Klöster und viele Kirchen, in denen die Herrlichkeit des Gottesreiches in Marmor, Stuck und Gold vorweggenom-

1618–1648 Dreißigjähriger Krieg

1852 Eisenbahn in Kempten, Beginn des Tourismus

1869–84 König Ludwig II. lässt Schloss Neuschwanstein bauen

1972 Bayerische Gebietsreform: Es entstehen die Landkreise Ober-, Ost- und Unterallgäu

2007 Eröffnung des Allgäu Airport in Memmingen

2019 Erstmals mehr als 14 Mio. Übernachtungen (Bayern gesamt: 95 Mio.)

men wurde. So finden sich noch heute in kleinen Altstädten und unscheinbaren Dörfern architektonische Perlen und barocke Kunstschätze, die mitunter versteckt liegen, die zu (be-)suchen sich aber lohnt.

Weniger bekannt ist das Allgäu als Burgenregion, was ebenfalls eine Folge der kriegerischen Wirren ist, die aus den Burgen Ruinen machten. Dabei liegen die Reste etwa der Burgen Falkenstein, Eisenberg, Hohenfreyberg und Alttrauchburg höchst malerisch auf Bergkuppen und laden zu Entdeckerwanderungen ein.

OFT UNTERSCHÄTZT: DAS „UNTERLAND"

Das nur leicht gewellte Unterallgäu mit seinen geschäftigen Städtchen und fruchtbaren Feldern taucht im „Kopfkino" meist nicht auf. Dabei sind hier bestens erhaltene historische Stadtkerne und liebevoll gestaltete Museen zu erkunden wie in Memmingen und Mindelheim, prächtige Klöster und Kirchen wie in Ottobeuren und Buxheim oder auch das beschauliche Bad Wörishofen mit seinen Kneippanlagen und dem außergewöhnlich hübschen Kurpark.

NICHT ALLES, WAS ALLGÄU HEISST, IST ALLGÄU – UND UMGEKEHRT

Das historisch gewachsene und durch seine Sprache und Gebräuche definierte Allgäu erstreckt sich von Memmingen im Norden bis Oberstdorf im Süden und von Scheidegg im Westen bis Schongau im Osten. Politisch gesehen liegt ein Teil des Allgäus also in Baden-Württemberg, der größere Teil liegt in Bayern, dazu kommen zwei österreichische Exklaven: Jungholz gehört politisch zu Tirol, das Kleinwalsertal zu Vorarlberg. Beide Gebiete sind aber nur von Deutschland aus zu erreichen und damit zumindest gefühlt doch Teil des Allgäus. Ganz schön kompliziert, oder? Allen Regionen gemein sind bestimmte Eigenschaften, die ihren Bewohnern nachgesagt werden: Typische Allgäuer sind naturverbunden, praktisch veranlagt, grundsätzlich gesellig, aber manchmal etwas maulfaul – und stolz auf ihre schöne Heimat. Übrigens legen die Allgäuer Wert darauf, dass sie ein ganz eigener Schlag sind.

UND WIE IST DAS JETZT MIT DEN GRÜNEN WIESEN UND KÜHEN?

In der Region gibt es rund 5500 landwirtschaftliche Betriebe, die insgesamt etwa 200 000 Kühe halten. Im Ober- und Ostallgäu ist das Landschaftsbild vom Grünland geprägt, aber die Kühe stehen selten auf der Wiese. Nur das Jungvieh, „Schlumpen" genannt, darf den Sommer draußen verbringen. Manchmal sogar auf einer Bergweide, der „Alpe". Die besonders glücklichen Kühe kommen auf eine Sennalpe, auf der ihre Milch direkt zu Käse verarbeitet wird und der Käse schmeckt so gut, wie man es sich beim Gedanken an Kühe auf Bergwiesen voller Alpkräuter vorstellt! Sieh dir die Bilderbuchlandschaften und Märchenschlösser selbst an, probiere Spezialitäten und lerne typische Allgäuer kennen – komm ins Allgäu!

AUF EINEN BLICK

800.000
Einwohner

Deutschland: 83.000.000

2.153
Sonnenstunden in Scheidegg 2018

In Deutschland: 2.020

107 km
Längste Nord-Süd-Ausdehnung

Längste Nord-Süd-Ausdehnung
Deutschlands: 876 km

**ERSTER AUTORISIERTER
BERGFÜHRER IM ALLGÄU:**
Johann Baptist Schraudolph
(1826–1908) aus Oberstdorf.
Er bestieg nachweislich 416 Mal
die Mädelegabel.

**HÖCHSTER BERG:
GROSSER
KROTTENKOPF**

2.656 M

**HÖCHSTER BERG DEUTSCH-
LANDS: ZUGSPITZE (2.962 M)**

**ANZAHL DER
SENNALPEN IN DEN
ALLGÄUER ALPEN**

42

**ANZAHL DER
CAMPINGPLÄTZE IM
ALLGÄU**

35

Meistbesuchte Sehenswürdigkeit ist das Schloss Neuschwanstein:
1,5 Mio. Besucher/Jahr
Schloss Versailles: 7,7 Mio. Besucher/Jahr

KEMPTEN
Größte Stadt mit
70.700 Einwohnern

18 GOLFPLÄTZE

Deutschlandweit:
1.050 Plätze

DAS ALLGÄU VERSTEHEN

DER WASSERDOKTOR

Der „Wasser- und Kräuterdoktor" Sebastian Kneipp (1821–1897) wurde als Sohn armer Weber in einem Dorf bei Ottobeuren geboren. Ein Verwandter ermöglichte ihm den Besuch des Gymnasiums, an den er ein Theologiestudium anschloss. Kurz nach Studienbeginn erkrankte er an Tuberkulose. Nachdem er ein Buch über die Heilkraft des Wassers gelesen hatte, badete er mehrmals im Winter in der eiskalten Donau bei Dillingen – und wurde wieder gesund. Seine medizinischen Studien betrieb Kneipp auch als Priester weiter. Er behandelte etwa Patienten mit Cholera oder Gicht und war dabei so erfolgreich, dass er mehrmals in Rechtsstreitigkeiten mit Apothekern und Ärzten verwickelt wurde. Ab 1855 wirkte er in Wörishofen, das sich deswegen binnen weniger Jahre zu einem bis heute beliebten Kurort entwickelte.

TRACHT IST ANGESAGT

Wie überall in Bayern gibt es auch im Allgäu typische Trachten, die sich aber erst im Laufe der letzten 100 Jahre bzw. nach dem Zweiten Weltkrieg entwickelt haben. Je nach Region sind sie von bayerischer oder Tiroler Tracht beeinflusst. Meist tragen die Männer Hirschlederhosen, weiße Hemden und graue Jacken oder rote Westen, die Frauen weiße Blusen unter einem schwarzen Mieder zu einem dunklen Rock. Trachten werden zu Anlässen aller Art getragen, besonders zu Festen wie Hochzeiten oder auch Konzerten.

Leckeres Radlager: Käseherstellung in Steibis

Für junge Allgäuerinnen ist ein Dirndl sowieso ein Muss, bei der Allgäuer Festwoche in Kempten liegt die gefühlte Dirndldichte bei 98 Prozent. Die haben dann aber mit echter Tracht meist nicht viel zu tun, hier dürfen es auch quietschbunte Stücke mit sehr kurzen Röcken vom Modefilialisten sein.

DER KULT-KOMMISSAR

Kommissar Kluftinger ist die Hauptfigur einer Krimireihe, die lustvoll mit Allgäuklischees spielt. „Klufti" liebt Kässpatzen, spielt im Musikverein die große Trommel und fürchtet nichts mehr als die von seiner Frau arrangierten Treffen mit dem besserwisserischen Dr. Langhammer. Trotz einer gewissen Tollpatschigkeit löst er seine Fälle mit Instinkt und Scharfsinn. Das Autorenduo Volker Klüpfel und Michael Kobr hat seit dem Erstlingswerk „Milchgeld" (2003) eine höchst erfolgreiche Reihe geschrieben, inzwischen ist der kauzige Klufti schon fast ein Wirtschaftsfaktor: Es gibt Verfilmungen, Brettspiele, Führungen an den Krimischauplätzen, Auftritte der Autoren in eigenen Bühnenshows und sogar einen Onlinekiosk, an dem sich T-Shirts und Tassen mit Klufti-Sprüchen erwerben lassen. Was er dazu wohl sagen würde? Vermutlich das, was er immer sagt, wenn er wenig begeistert ist: „Na, priml!"

CARL HIRNBEIN, DER KÄSE-PIONIER

Vor 200 Jahren war das Allgäu: blau. Denn blau blühte der Flachs, der hier angebaut und von den Bauernfami-

KLISCHEE KISTE

MAULFAULES VOLK

Als schweigsame Einzelgänger gelten die Allgäuer, die noch dazu im Zwischenmenschlichen mit Anerkennung geizen. Die viel zitierte Maxime lautet: „Nix gsagt isch globat gnua!" (nichts zu sagen ist genug des Lobes). Und tatsächlich sind sie im Kontakt mit Fremden zunächst eher zurückhaltend. Wenn sie aber merken, dass jemand sein Herz auf dem rechten Fleck hat, tauen sie auf und zeigen ihre gesellige Seite. Was nicht unbedingt heißt, dass viel geredet wird – man kann auch einträchtig schweigend miteinander beim Bier sitzen …

PFENNIGFUCHSER

Den Schwaben im Allgemeinen und den Allgäuern im Besonderen wird ein gewisser Geiz nachgesagt. Und ja, man schaut schon aufs Geld. Wegwerfen und neu kaufen ist nie die erste Option, wenn man etwas noch reparieren oder kreativ anderweitig verwenden kann. Es beim Ausgehen in der Wirtschaft „ordentlich krachen" zu lassen oder mit Besitztümern zu protzen gilt als unfein, das tut der Allgäuer nicht. Außer natürlich, wenn es um den größten und neuesten Traktor oder Stall geht. Aber da zeigt man ja auch nicht seinen Reichtum, sondern seine Tüchtigkeit.

lien auf den Höfen weiterverarbeitet wurde. Als im 19. Jh. die billigere Baumwolle eingesetzt wurde und das Leinen verdrängte, zwangen Armut und Hunger viele Allgäuer dazu, nach Amerika auszuwandern und dort ihr Glück zu versuchen. Die Wende brachte Carl Hirnbein (1807–1871), ein Bauernsohn aus Wilhams im Weitnauer Tal. Er lernte um 1830 im belgischen Limburg wie man Weichkäse herstellt und kam mit diesem Know-how zurück in seine Heimat. Von nun an fanden die Bauern ihr Auskommen in der Haltung von Kühen, deren Milch in der Käseproduktion haltbar gemacht werden konnte und damit handelbar wurde. Seitdem sind die Allgäuer Hügel: grün. Und Carl Hirnbein, der als Käsehändler reich wurde und später als Landtagsabgeordneter wirkte, ist noch heute im Allgäu als „Notwender" oder als „Alpkönig" bekannt. Der Begründer des Tourismus ist er übrigens auch,

denn er ließ das erste Hotel im Allgäu bauen: Das Grüntenhaus, das noch heute als Unterkunft für Bergwanderer dient.

LEBENDIGES BRAUCHTUM ⚑
Etliche Bräuche, die heute gepflegt oder wiederentdeckt werden, stammen noch aus heidnischer Zeit: Mit dem Funkenfeuer am ersten Fastensonntag soll der Winter „ausgetrieben" werden, ein ähnliches Ziel hat das pantomimische „Egga-Spiel", das alle drei Jahre in Sonthofen stattfindet. Die Johannisfeuer zur Sommersonnwende sollen das Licht bewahren. Die wilden Bärbele am 4. Dezember und die zotteligen Klausen mit ihren Schellen und Ruten vergraulen am 5. und 6. Dezember die bösen Geister. Diese Bräuche werden keineswegs nur für die Touristen dargeboten, sondern sind besonders bei der einheimischen Jugend beliebte Veranstaltungen.

Blühender Löwenzahn ist zwar schön anzusehen, aber auch ein Zeichen für Überdüngung

LÖWENZAHNBLÜTE UND BSCHÜTTEDUFT

Jedes Jahr im April wird das Allgäu: gelb. Dann blüht auf den Wiesen der Löwenzahn dicht an dicht. Das ist bezaubernd schön, währt aber leider nur kurz. Denn nach der Löwenzahnblüte werden die Wiesen zum ersten Mal in der Saison gemäht. Danach wird das Allgäu erst einmal: braun. Nach dem Winter sind die Güllelager voll, und die Bauern fahren nach der Mahd die „Bschütte" oder „Bschitta" großflächig aus. Das riecht oft recht intensiv und freut nicht jeden. Mit der Bschütte wird nämlich auch klimaschädliches Ammoniak und wassergefährdendes Nitrat ausgebracht. Kritiker mahnen zudem, dass durch das häufige Düngen (bis zu sieben Mal im Jahr) die Böden übersättigt sind und viele einstmals typische Wildkräuter dort nicht mehr gedeihen. Genau deswegen blüht der Löwenzahn so schön, denn er liebt stickstoffreiche Böden.

MA SCHWÄTZT DIALEKT

„Das Allgäuerisch" gibt es eigentlich nicht, denn jede Region hat ihre eigenen Sprachvarianten. Eine Mundartgrenze ist die sogenannte Wib-Weib-Linie: Demnach gehören die Dialekte im Westallgäu und Oberallgäu südlich von Immenstadt zum Alemannischen (Frau = Wiib), die übrigen Gebiete des Allgäus zum Schwäbischen (Frau = Weib). Ziemlich übergreifend werden etwa die Wörter allat/allet (= immer) oder Fehl/Föhl (= Mädchen) verwendet. Typisch sind auch die Endungen „la" oder „le", wie beim Häusla (= Toilette) oder Fiiedle (= Popo). Allerdings wird das Allgäuerische immer mehr vom Bairischen verdrängt. Gerade in der Gastronomie wird oft eine Art Dialekteintopf geboten, in dem die Alp zur Alm, das Fleischküchle zum Fleischpflanzerl und die Flädlesuppe zur gesamtdeutschen Pfannkuchensuppe wird.

ALPEN NUTZEN UND SCHÜTZEN

Die Alpen sind Erholungsraum für viele, die die einzigartige Natur entdecken wollen und zugleich auch die Heimat von Menschen, die mit den Besuchern ihren Lebensunterhalt verdienen. So brechen immer wieder Konflikte auf um den Umgang mit dem empfindlichen Ökosystem, in dem seltene Pflanzen und geschützte Tierarten leben. Über das Wasserkraftwerk Älpele im Hintersteiner Tal wurde ebenso heftig gestritten wie um die Skischaukel am Riedberger Horn bei Balderschwang, die letztlich verhindert werden konnte. Es ist aber auch kein einfaches Unterfangen, ei-

Hästräger von nah und fern kommen zu Besuch zur Fasnet in Wangen

Hühneraugen loswerden will oder sich mit Schmerzen wegen einer Brandwunde oder Gürtelrose plagt. Auf keltische Rituale geht wohl das Räuchern zurück: Zwischen Weihnachten und Dreikönig wird das Haus mit duftenden Kräutern „ausgeräuchert", um den Ballast abzuwerfen und positive Energien für das neue Jahr ins Haus zu bringen. Aber auch nach Geburten oder Todesfällen räuchert so manche Allgäuerin, um böse Einflüsse abzuwehren oder zu entfernen – man kann ja nie wissen! Das Kräuterboschenbinden vor dem Feiertag Mariä Himmelfahrt wird ebenfalls noch liebevoll gepflegt und zeigt, dass sich ein gut katholischer Brauch bestens mit vorchristlichen Ritualen verbinden lässt. Wenn du mehr über Wildkräuter und das dazugehörige Brauchtum wissen möchtest, sind die Allgäuer Wildkräuterfrauen die richtigen Ansprechpartnerinnen für dich *(short.travel/all18)*.

INSIDER-TIPP
Wilde Frauen

MÄCHLAR UND TÜFTLER

Die Allgäuer sind geborene Mächlar, d. h. sie sind handwerklich geschickte „Selbermacher". Hinter erstaunlich vielen Häusern finden sich Zeichen, die auf fortgeschrittenes Mächlartum deuten: Garagen und Schuppen mit kleinen Werkstätten, darin alte Maschinen und Haushaltsgeräte, Holzlatten und Metallteile ... man weiß ja nie, was man daraus noch machen kann. Gerne werden auch alte Traktoren restauriert oder aufwendige Faschingswagenaufbauten hergestellt. Manche Mächlar haben ihr Hobby zum Beruf

nerseits das touristische Angebot zu erhalten und auszubauen, von der viele Gemeinden am Alpenrand leben und andererseits die wichtigste Attraktion, die Natur, zu schützen. Und nicht jeder kann sich über Erfolge im Naturschutz gleichermaßen freuen: Dass beispielsweise zuletzt wieder einzelne Wölfe durch die Alpen zogen, erfreute Naturschützer, verängstigte und empörte aber die Bergbauern, die um ihre Kühe und Schafe fürchten.

VOM ABBETEN UND RÄUCHERN

Die Allgäuer sind fest verwurzelt in ihrer Region und ihren Traditionen. Auch so manches Heilwissen aus früheren Jahrhunderten ist noch verbreitet. So gibt es in vielen Dörfern Personen, an die man sich zum „Abbeten" wendet, wenn man etwa Warzen oder

gemacht. Nicht umsonst gibt es im Allgäu besonders viele Unternehmen aus dem produzierenden und verarbeitenden Gewerbe.

WIND, WASSER, BIOMASSE

Im Allgäu ist auch die Energie ziemlich grün: Forggensee, Grüntensee, Rottachsee – sie sind wunderschön, wurden aber nur aufgestaut, um die Versorgung der flussabwärts gelegenen Wasserkraftwerke zu sichern. Die rund 30 Windräder, die im Ober- und Ostallgäu errichtet wurden, sind dagegen ziemlich umstritten. Obwohl es sich wie etwa bei jenen des bekannten „Energiedorfs" Wildpoldsried vor allem um Bürgerwindkraftanlagen handelt. Viele Bauern setzen auf die ebenfalls staatlich geförderten Biogasanlagen. Sie vergären vor allem Mais, weswegen im Unter- und Westallgäu immer mehr Äcker und Wiesen zu Maisfeldern umgewidmet werden. Das erzürnt wiederum Umweltschützer und Imker wegen des Pestizideinsatzes und Milchbauern wegen der knapper werdenden Grünlandflächen.

KELTEN, RÖMER, ALAMANNEN

15 nach Chr. eroberten die Römer die Alpenregion, das vormals keltische Kambodounon an der Iller (das heutige Kempten) wurde romanisiert und vorübergehend sogar Hauptstadt der Provinz Rätien. Im dritten Jahrhundert nahmen Alamannen das Land ein, die sich später wiederum den Franken geschlagen geben mussten. Ab dem 8. Jh. startete im Allgäu die Christianisierung, einerseits von den Franken, andererseits von den Mönchen aus St. Gallen, darunter der Heilige Magnus. 917 wurde das Herzogtum Alemannien (später: Schwaben) gegründet, zu dem das Allgäu gehörte. Magnus ist bis heute der Schutzpatron des Allgäus und der schwäbische Einfluss ist – etwa beim Essen und beim Dialekt – unverkennbar.

FASNET UND FASCHING IM ALLGÄU

Die (alemannische) „Fasnet" und das fröhliche Faschingstreiben sollte man einmal erlebt haben. Selbst einige Dörfer haben eigene Umzüge, zu denen Teilnehmer und Besucher aus dem weiteren Umkreis anreisen. Mancherorts, z.B. in Mindelheim, toben die Hexen schon am *Gumpigen* oder *Lumpigen Donnerstag* durch die Orte und treiben derben Schabernack zu schräg-schöner Blasmusik. Der Marktoberdorfer *Gaudiwurm* am Faschingssonntag gilt als größter Umzug Bayerisch-Schwabens. Besonders stimmungsvoll sind die Nachtumzüge, z.B. in Burgberg (Faschingssamstag), Immenstadt und Obergünzburg (Rosenmontag) veranstaltet werden. Am Faschingsdienstag findet in Oberthingau ein schräges Streitwagenrennen für einen guten Zweck statt, während in Oberstaufen der traditionelle *Fasnatziestag* mit Umzug und Fahnenschwingen an das Ende der Pestepidemie 1635 erinnert.

ESSEN
SHOPPEN
SPORT

Pause auf der Alpe Gschwenderberg hoch über dem Alpsee

ESSEN & TRINKEN

Das Allgäu ist eine bäuerlich geprägte Landschaft, in der die Menschen immer schwer für ihr täglich Brot arbeiten mussten. Früher ging es vergleichsweise karg zu, Fleisch kam nur selten auf den Tisch.

EINFACHE ZUTATEN

Aber nahr- und schmackhaft musste das Essen trotzdem sein. Die meisten traditionellen Spezialitäten des Allgäus werden daher mit Mehl, Eiern, Milch und anderen einfachen Zutaten wie Kraut oder Käse zubereitet. Daraus entstehen Teiggebilde, die als Nudeln, Spätzle, Knöpfle oder Maultaschen serviert werden. „Kässpatzen" im bayerischen, „Kässpätzle" im württembergischen Allgäu sind das Allgäuer Nationalgericht, das auf keiner Wirtshauskarte fehlen darf. Sie werden in der einheimischen Küche noch genauso regelmäßig gegessen wie früher, ebenso Kraut- und Spinatspätzle

oder Krautkrapfen. Am besten schmecken diese üppigen Gerichte nach einer Wanderung oder Bergtour, wenn du ordentlich Kalorien verbraucht hast. In Scheidegg kannst du die Kunst des Käs- und Krautspätzlezubereitens lernen (28 Euro mit Hobel und Originalrezept, Anmeldung bei *Scheidegg Tourismus (Tel. 08381 8 95 55)*).

INSIDER-TIPP
Do-it-your-self-Spätzle

BAYERISCH-WÜRTTEMBERGISCHE MELANGE

In der Küche koexistieren bayerische und schwäbisch-württembergische Traditionen. Die deftige bayerische „Brotzeit" heißt in Württemberg „das Vesper". Während sie in Bayern auf der Alpe oder im Biergarten serviert wird, gibt es in Württemberg eigene Vesperwirtschaften. Die bayerischen „Schmankerln" wie Schweinshaxe, Knödel und Leberknödelsuppe gehö-

Allgäuer Kässpatzen und zum Nachtisch Zwetschgendatschi

ren ebenso auf die Speisekarte wie die Flädlesuppe von der Württemberger Seite. Noch typischer als die Brezel und ihre Variante, das Laugenhörnle, sind die vor allem im Westallgäu beheimateten schwäbischen Seelen. Diese einfache Brotart aus Weißmehl, Wasser und Salz ist heutzutage täglich frisch in der Bäckerei zu bekommen. Früher dagegen war sie besonderen Gelegenheiten wie Allerheiligen und Allerseelen vorbehalten, wenn man das Seelengebäck armen, hungrigen Menschen gab, die sich durch Aufsagen von Bittsprüchen bedankten.

VON DER ALPWIRTSCHAFT BIS ZUR STERNEKÜCHE

In den bewirtschafteten Alpen werden in aller Regel kalte Brotzeiten und Suppen angeboten. Je kleiner die Alpe, desto einfacher ist die Küche. Größere Hütten mit vielen Gästen haben auch eine größere Speisenaus-

wahl und mitunter sogar italienische Kaffeespezialitäten im Angebot. In den Wirtschaften wird meist traditionell regional gekocht, wobei so manches Haus die Gerichte modern und individuell interpretiert. Da steht auch mal ein Bergwiesenheusüpple, ein Braten in der Kräuterkruste oder ein Weißbiertiramisu auf der Karte. Für besonders anspruchsvolle Feinschmecker gibt es vier Lokale, die mit einem Michelin-Stern ausgezeichnet wurden.

ALTER KÄSE

Seit fast 200 Jahren wird im Allgäu Milch durch Verkäsen haltbar gemacht. Das Traditionshandwerk Käsen und Buttern ist eine Wissenschaft für sich. Dabei ist der „Allgäuer" Emmentaler eigentlich ein Schweizer Import: Um 1820 siedelten sich zwei Sennereien in Weiler an und brachten ihre Herstellungsverfahren mit. Carl Hirnbein, der Allgäuer Käsepionier, stellte

Kräuteressig selbst ansetzen kann man im Bauernhausmuseum Wolfegg

Käse nach Limburger Art her. Der einzige nachweislich im Allgäu neu „erfundene" Käse ist der Weißlacker, eine geschmacklich recht eigenwillige Kreation. Für gute Kässpatzen ist er allerdings unverzichtbar. An Käsereien, Sennereien, Genossenschaften, Käseküchen und -läden mangelt es nicht. Neben Emmentaler, Bergkäse und Alpkäse produzieren sie eine Vielzahl weiterer Sorten, dazu Butter, Joghurt und Quark, Buttermilch und andere Köstlichkeiten. Probier am besten so viele Sennereien wie möglich aus – du wirst staunen, wie unterschiedlich allein der Bergkäse je nach Hersteller schmeckt.

FÜR SCHLECKERMÄULCHEN
Aus der österreichischen Küche haben sich Kaiserschmarren, Germknödel und süße Pfannkuchen in die Allgäuer Küche geschmuggelt. Apfelstrudel und Apfelküchle mit Vanilleeis stehen in vielen Gasthäusern auf der Karte. Und dann sind da noch all diese Küchle, Kuchen, Torten und das Birnbrot! Zur traditionellen Küche gehören die ausgebackenen Holunderdolden („Holderküchle"), sie findet man allerdings nur selten auf einer Speisekarte.

BIO UND REGIONAL
Auf den Wochenmärkten gibt es ein reichhaltiges Bioangebot, in Irsee sogar jede Woche einen reinen Biomarkt. Viele Kunden kaufen direkt beim Bioerzeuger Eier, Milch, Fleisch und Honig (z. B. bioeinkauf-allgaeu. de). Die regionale Supermarktkette Feneberg leistet sich unter der Marke „vonHier" ein eigenes Biosortiment mit über 400 Produkten aus der Umgebung. Knapp 80 Gasthöfe haben sich in der Initiative „LandZunge" (landzunge.info) zusammengeschlossen. Ihr Motto: „Das Beste aus der Region". Sie setzen traditionelle Rezepte modern um und verwenden vorwiegend regionale Produkte.

NA PROST!
Im Allgäu haben viele der traditionellen Familienbrauereien in Nischen überlebt – über 30 sind es heute noch. Gäste können also unter besonders vielen Biersorten wählen. Viele Brauereien bieten Führungen mit Verkostung und andere Bierevents an. Die Brauerei Zötler (zoetler.de) braut in Vollmondnächten ein spezielles Bier und feiert monatlich ein Vollmondfest.

INSIDER-TIPP
Vollmond-Rausch

Unsere Empfehlung heute

Imbiss

BRATKNÖDELSUPPE
Wurstmasse wird zu Knödeln geformt
und in Brühe gekocht

FLÄDLESUPPE
Würzige Brühe, in der schmale
Pfannkuchenstreifen schwimmen

MAULTASCHENSUPPE
Maultaschen, serviert in der
Suppenbrühe

WURSTSALAT
Mit Zwiebeln und saurer Sauce
angemachte Wurststreifen

Hauptgerichte

KÄSESUPPE
Ein ideales Winteressen: nahrhafte,
würzige Cremesuppe mit viel
Emmentaler oder Bergkäse drin

KRAUTKRAPFEN
Rollen aus Nudelteig gefüllt mit
Sauerkraut und Speck und in heißem
Fett ausgebacken

MAULTASCHEN
Nudelteigtaschen, das schwäbische
Nationalgericht; klassische Füllung: fein
gehackte, angeröstete Zwiebeln, Lauch,
Hackfleisch, Petersilie, Muskat und
Spinat

KÄSSPÄTZLE/-SPATZEN
Abwechselnde Lagen aus Spätzle
und Bergkäse, mit gerösteten Zwiebeln

SCHUPFNUDELN
Kurze Nudeln mit hohem Kartoffelanteil
im Teig; oft mit Sauerkraut serviert

RÖSTI
Aus der Schweiz stammende Beilage:
ein knuspriger Fladen aus geraspelten
und gebratenen Kartoffeln

Desserts

HOLUNDERKÜCHLE
In Pfannkuchenteig getauchte und
ausgebackene Holunderblütendolden

ZWETSCHGENDATSCHI
Mit Zwetschgen belegter
Hefeteigkuchen – unbedingt mit Sahne!

Getränke

HEUGAUER
Im Allgäu erfundene und hergestellte
Limo mit Bergwiesenheu-Extrakt

HOLUNDERBLÜTENSCHORLE
Sirup aus Holunderblütendolden und
Zitrone mit Sprudelwasser aufgegossen

BUTTERMILCH
besonders köstlich auf der Sennalpe

SHOPPEN & STÖBERN

Im Allgäu gibt es viele regionale Spezialitäten, die du auf Märkten, in gemütlichen Geschäften oder direkt beim Erzeuger erwerben kannst. Auch die kunsthandwerklichen Arbeiten sind von hoher Qualität und manchmal vom eigenwilligen Allgäuer Charme geprägt.

KÄSE MUSS SEIN

Früher hatte jeder Weiler seine eigene Käskuche, zu der die Bauern täglich ihre Milch brachten. Diese dörfliche Direktverarbeitungskultur schwand in den 1960er-Jahren, als die kleinen Dorfsennereien von großen Molkereien geschluckt wurden. Einige trotzten aber dem Trend und heute gibt es selbst in kleineren Orten wieder Käsereien. Viele setzen wegen des besseren Geschmacks auf die Verarbeitung von Heumilch aus Bioerzeugung. Diese Käsesorten gibt es meist nur im Direktvertrieb zu kaufen. Bring am besten eine Kühltasche zum Einkauf mit, oft kannst du die Stücke vakuumieren lassen. Etliche Käsereien haben auch einen eigenen Onlineshop, sodass du selbst zu Hause nicht auf die leckeren Allgäuer Käsespezialitäten zu verzichten brauchst. Z. B. *kaesealp.de, schoen egger.com, short.travel/all8*

LECKERE KÖSTLICHKEITEN

Das Westallgäu bis hinunter zum Bodensee ist bekannt für das dort erzeugte Obst, das man nicht nur frisch, sondern auch in veredelter Form genießen kann: etwa als Apfel- oder Birnbrot, Saft, Most oder Schnaps. Besonders im Ober- und Ostallgäu werden Kräuter angebaut, die zu Gewürzmischungen, Tees, Likören und anderen Produkten verarbeitet werden. Es gibt sogar eine eigene *Vereinigung (short.travel/all19)* von „Kräuterhöfen", die auch einen Direktverkauf haben.

Hochprozentiges aus Kräutern und Beeren brennt die Destille Kräuteralp Hörmoos (re.)

Braun, rund und flach sind sie wie ihre tierisch erzeugten Vorbilder: Die Schokoladen-Kuhfladen aus der Manufaktur in Sonthofen-Altstädten *(schokokuhfladen.de)* sind aber superlecker, hygienisch verpackt und in verschiedenen Geschmacksrichtungen erhältlich – auf jeden Fall ein Hingucker!

KUNST, KEIN KREMPEL
Im Allgäu leben relativ viele bildende Künstler, entweder Aussteiger aus der Großstadt, die lieber in der ländlichen Idylle arbeiten, oder Maler wie Friedrich Hechelmann aus Isny, Christoph Schneider aus Oberstdorf-Tiefenbach und Reinhard Blank aus Bad Grönenbach-Thal, die ihre Heimat nicht verlassen haben und deren Fans gern zu ihnen pilgern. Es gibt dementsprechend viele Gelegenheiten, Gemälde oder Skulpturen in ganz unterschiedlichen Stil- und Preisklassen zu erwerben.

HANDGEMACHTES
Viele traditionelle kunsthandwerkliche Fertigkeiten wie das Schnitzen, das Töpfern oder die Glasbläserei haben sich im Allgäu noch erhalten. Vielerorts werden die Produkte direkt beim Hersteller oder in kleinen Läden angeboten. Von Mai bis August findet praktisch jede Woche irgendwo im Allgäu ein Töpfer- oder Kunsthandwerkermarkt statt. Im Glasmacherdorf Schmidsfelden kannst du handgemachte Glaskugeln und andere Glaswaren kaufen – jedes Stück ein Unikat.

INSIDER-TIPP
Gib dir die Kugel

GLITZER UND GLAMOUR
Zu Recht sind die Modeschmuckartikel aus Glas und Strass, die in Kaufbeuren-Neugablonz hergestellt werden, bundesweit bekannt. Einige Hersteller bieten Führungen und einen Werksverkauf an *(short.travel/all20).*

SPORT

Wer Bewegung liebt, wird im Allgäu glücklich: In der herrlichen Landschaft machen naturnahe Aktivitäten wie Wandern, Bergsteigen, Klettern, Radfahren, Rafting, Drachen- und Gleitschirmfliegen besonders viel Spaß.

Das Allgäu ist zudem ein schönes Ziel für alle Wintersportler. Und natürlich sind auch alle anderen gängigen Sportarten wie Tennis, Schwimmen, Golf, Reiten oder Inlineskaten möglich. Man kann aber auch einfach nur spazieren gehen und vor sich hin träumen …

BADEN, KAJAK & KANU

An den mehr als 30 zugänglichen Natur-, Moor- und Baggerseen gibt es Gelegenheit, jeglicher sportlichen Betätigung nachzugehen, sei es Baden, Bootfahren (keine Motorboote), Segeln, Wasserskifahren oder Windsurfen. Viele der rund 130 Freischwimmbäder sind beheizt, bei schlechtem Wetter kann man in eines der mehr als 40 Hallenbäder ausweichen. FKK-Fans fühlen sich am Escacher Weiher und im idyllisch gelegenen *Naturisten-Erholungspark Haldenmühle (Tel. 08374 83 25 | fsg-allgaeu.de)* bei Dietmannsried wohl. Kajak und Kanu fahren kann man auf den Flüssen Iller, Weißach, Breitach, Lech und Argen sowie z. B. auf dem Grüntensee, dem Forggensee und dem Großen Alpsee.

BALLONFAHREN

Wer einmal über Berggipfeln schweben möchte, kann eine Fahrt z. B. bei *Bavaria Ballonfahrten (Seeg | Tel. 08364 98 60 68 | bavaria-ballon.de)*, *Ballonsport Martin (Kempten | Tel. 0831 1 34 53 | ballonsport-martin.de)* oder auch bei *Ballonsport Alpin (Sonthofen | Tel. 08321 70 91 | ballonsport-alpin.de)* buchen.

Sport mit Aussicht im Stillachtal: Das Allgäu ist ein ideales Wanderziel

BERGSTEIGEN & KLETTERN

Im südlichen Allgäu locken die nahen Ammergauer, Allgäuer oder Lechtaler Alpen mit Gipfelhöhen zwischen 800 und fast 3000 m. Immer beliebter wird auch das Klettern, über 40 Klettersteige *(short.travel/all6)* in verschiedenen Schwierigkeitsstufen sind angelegt. Grundkurse zum Bergsteigen und Klettern bieten neben dem *Deutschen Alpenverein (alpenverein.de)* auch Bergschulen wie die *Alpinschule Oberstdorf (alpinschule-oberstdorf.de)*, die *Kletterschule Allgäu (kletterschule-allgaeu.de)* in Weiler oder das *Hindelanger Bergführerbüro (bergschulen.de)*. Bei schlechtem Wetter und im Winter kannst du in Indoor-Anlagen klettern, etwa im *DAV Alpinzentrum (Tel. 0831 2 02 97 | dav-kempten.de/swoboda-alpin)*, der mit 2300 m² Fläche größten im Allgäu, oder in der *Sportalm Scheidegg (short.travel/all7)* auf über 1000 m².

CANYONING & RAFTING

Wenn du wildes Wasser magst, wirst du Spaß am Canyoning haben. Im Allgäu geht das zum Beispiel in den Stuibenfällen und in der Starzlachklamm (Anbieter sind z. B. *canyoningallgäu. de, map-erlebnis.de, canyoning-team-allgaeu.com*). Raften in allen Varianten von der Einsteiger- bis zur echten Wildwassertour kannst du auf Iller, Breitach, Lech und Bregenzer Ach *(z. B. spirits-of-nature.com* oder *raftingzentrum.de)*.

DRACHEN- UND GLEITSCHIRM-FLIEGEN

Beliebte Startplätze liegen am Tegelberg bei Schwangau, am Nebelhorn (bei Oberstdorf), am Mittagberg (bei Immenstadt) und an der Hornbahn Bolsterlang. Das Drachen- und Gleitschirmfliegen lernen oder auch einfach einen Tandemsprung mitmachen kannst du z. B. bei den Oberstdorfer

Drachen- und Gleitschirmfliegern (odv-allgaeu.de), der *Flugschule Tegelberg (abschweb.net)* oder in der *Westallgäuer Flugschule (ich-will-fliegen.de)*

GOLF UND GOLFVARIANTEN

Die grünen Hügel sind eine tolle Kulisse fürs Golfen und das kannst du auf 18 Plätzen im Allgäu. Eine Übersicht findest du auf *golfparadiesallgaeu.com*. Oder hast du Lust, neue und ausgefallene Golfvarianten auszuprobieren? In Opfenbach und Memmingen kannst du z. B. Fußballgolf spielen *(swingolf-allgaeu.de; golfclub-memmingen.de).* In Bad Hindelang hat sich für die Melange aus Krocket und Golf der erste deutsche *Krolf-Verein (krolf.de)* gegründet. In Ofterschwang *(Alpe Eck | frizbee.at)* wird Disc Golf angeboten, eine Mischung aus Golf und Frisbee. Spaß macht auch die Spielgolfanlage im Kurpark Roßhaupten, ein Mittelding zwischen Minigolf und Golf *(Infos bei der Touristinformation, rosshaupten. de).*

NORDIC WALKING

Walk till you drop: Die Hörnerdörfer *(hoernerdoerfer.de)* u.a. Fischen haben einen insgesamt 110 km langen Nordic-Walking-Park ausgeschildert, der von 761 Meter bis 1650 Meter Höhe reicht und Routen unterschiedlicher Länge und Schwierigkeit umfasst. Im Westallgäu bietet der *Nordic-Fitness-SportsTM-Park (westallgaeu. de/nordic-walking)* 22 beschilderte Routen auf insgesamt 150 km Länge. Getoppt werden diese Regionen noch vom *Nordic.Walking.Park Allgäu* rund um Nesselwang mit seinen 66 Routen auf 420 Kilometern Streckenlänge *(short.travel/all15).* In den jeweiligen Gemeinden werden auch Kurse und begleitete Touren für Einsteiger angeboten.

RADFAHREN & MOUNTAINBIKING

Das Allgäu erradeln kannst du dir auf der *Radrunde Allgäu (allgaeu.de/radrouten-und-etappen),* die über insgesamt 450 km tatsächlich einmal rund um das Allgäu führt. E-Biker finden entlang der Strecke zahlreiche Verleih- und Akkuwechselstationen *(movelo. com/de/allgaeu).* Entlang der Radrunde kannst du in „Bett-und-Bike"-Unterkünften aller Klassen übernachten *(bettundbike.de/radweg/radrunde-allgaeu).* Auch sonst sind jede Menge Touren ausgewiesen, etwa der Iller-Radweg, der von Oberstdorf über Kempten bis Günzburg führt, oder der Günztalradweg von Günzach bis Heimertingen bei Ulm. Passionierte Biker können sich z. B. im *Bikepark (bikepark-hindelang.de)* an der Hornbahn in Bad Hindelang und in der *Rad- und Mountainbike-Arena Allgäu (rad-mtb-arena-allgaeu.de)* zwischen Füssen und Kempten austoben.

WANDERN & PILGERN

⚑ Wanderwege mit herrlicher Bergkulisse gibt es für alle Fitness- und Altersgruppen rund um Fischen und die übrigen Hörnerdörfer Bolsterlang, Obermaiselstein und Balderschwang. Ein besonderes Konzept ist die *Wandertrilogie Allgäu (allgaeu.de/*

wandern): 876 Kilometer ausgewiesene Wanderwege verteilen sich auf die drei Routen mit den Namen „Wiesengänger", „Wasserläufer" und „Himmelsstürmer", in die man an jeder der 49 Etappen einsteigen kann.

Durch das Allgäu verlaufen drei Routen des Jakobsweges, der *Crescentia-Pilgerweg (short.travel/all10)* führt auf den Spuren der Heiligen Crescentia auf knapp 90 km durch das Ost- und Unterallgäu und das Westallgäu quert auf etwa 150 km der südliche Teil des *Martinusweges (martinus wege.de).*

WINTERSPORT

Insgesamt gibt es 57 Skigebiete im Allgäu mit fast 400 Pistenkilometern. Besonders familienfreundlich sind die Pisten am Ober-/Unterjoch, am Söllereck bei Oberstdorf, am Ofterschwanger Horn bei Gunzesried, an den Stinesser Liften bei Fischen, an der Alpspitz bei Nesselwang und im Jungholz. Könner werden die Weltcup-Piste am Ofterschwanger Horn oder auch den Nebelhorn-Gipfelhang bei Oberstdorf schätzen. Tolle Pisten für Rodler gibt es am Imberger Horn bei Bad Hindelang, an der Mittagbahn bei Immenstadt oder an der Alpspitz bei Nesselwang.

Paragliding über Oberstdorf

INSIDER-TIPP
Abends auf die Piste

Da die Wintertage kurz sind, bieten einige Skigebiete auch abendliches Skifahren in Flutlichtanlagen an, etwa an der Alpspitz und am Tegelberg. Ein relativ neues Angebot sind Skitouren-Abende; an bestimmten Wochentagen werden die Pisten abends exklusiv für Skitourengeher geöffnet, etwa am Söllereck oder in Unterjoch.

Bei entsprechender Schneelage werden überall Loipen für Langläufer gespurt. Sehr romantisch sind die Strecken bei Füssen, sportliche Läufer und Skater finden rund um Oberstdorf ein großes Angebot, Sonnenhungrige werden die Sonnenloipe bei Obermaiselstein genießen und rund um Isny gibt es besonders schöne Loipen auch für Anfänger.

DIE REGIONEN IM ÜBERBLICK

Memmingen

Aitrach

Iller

WESTALLGÄU S. 66

Liebliche Landschaft mit besonders vielen Sonnenstunden

Argen

Bodensee

Scheidegg

Alpsee

OBERALLGÄU S. 38

Gipfel satt und jede Menge Outdoor-Spaß

SCHWEIZ

Kneipp, Kultur und
Muße für Genießer

UNTERALLGÄU S. 84

Kaufbeuren

OSTALLGÄU & NEUSCHWANSTEIN S. 96

Märchenschloss, Berge
und Seen

Kempten

Rottachsee

Wertach

Forggensee

Füssen

Sonthofen

Lech

ÖSTERREICH

Lech

Inn

10 km
6.21 mi

OBERALLGÄU

DAS ALLGÄU WIE IM BILDERBUCH

Glückliche Kühe auf grünen Wiesen, blaue Berge unter klarem Himmel: Im Oberallgäu findest du eine herrliche Natur und noch manches Bergidyll.

Du willst die Alpen erleben, sie möglichst dicht vor Fenster und Balkon deines Urlaubsdomizils sehen und dann nichts wie los in die Berge zum Wandern, Klettern, Radeln? Dann ist das südliche Oberallgäu die richtige Region für dich. Schon Mitte des 19. Jahrhunderts kamen die ersten Sommerfrischler aus denselben Gründen

Kuh auf einer Alm bei Oberstdorf

hierher. Entsprechend gut ist die touristische Infrastruktur: Es gibt zahllose Übernachtungsangebote von der einfachen Berghütte bis zum luxuriösen Wellnesshotel, eine ebenso große Vielfalt an Einkehrmöglichkeiten, dazu moderne Bergbahnen und gut gepflegte Wanderwege und Klettersteige. Im Norden der Region hat die Stadt Kempten mehrere interessante Museen zu bieten.

OBERALLGÄU

Altusried 1
Rohrdorf
Kreuzthal
Neutrauchburg
Isny im Allgäu
Eisenharz
Großholzleute   Bolsternang   Wengen
Nellenbruck
Eglofs
Brugg   Maierhöfen   Hofen
Maria-Thann   Eglofstal   Klausenmühle   12
Gestratz   Seltmans   2 Weitnau
Meckatz
Heimenkirch   Röthenbach   Grünenbach   Sibratshofen
Oberhäuser   Schönau   Allgäuer Bergbauernmuseum ★ 8
Ebratshofen
Lindenberg   Missen-Wilhams 2   Börlas
Ellhofen   Stiefenhofen
Balzhofen   3 St. Bartholomäus ★   Großer Alpsee 6
Bauernhaus-
museum
's Huimatle 4   Alpsee Bergwelt ★ 7
Oberstaufen
S. 48   Thalkirchdorf
Steibis
5 Kräuteralp Hörmoos   33 km, 35 Min.

Balderschwang
S. 58   16 km, 24 Min.

Sibratsgfäll

ÖSTERREICH
Kleinwalsertal 16
Hirschegg

MARCO POLO HIGHLIGHTS

★ **ST. BARTHOLOMÄUS**
Selten, kostbar und sehr anrührend ist die Ausstattung der Kirche bei Oberstaufen ➤ S. 50

★ **BREITACHKLAMM**
Spektakulär schön ist die Wanderung durch die tiefe Schlucht ➤ S. 64

★ **NEBELHORNBAHN**
Zumindest ein Mal solltest du auf dem Nebelhorn stehen und das Gipfelmeer der Allgäuer Alpen bestaunen! ➤ S. 62

★ **ALPSEE BERGWELT**
Klettergarten, Abenteuer Alpe und Deutschlands längste Ganzjahres-rodelbahn: großer Bergspaß! ➤ S. 54

★ **FÜRSTÄBTLICHE RESIDENZ**
Mit Prunk und Protz kannten die Fürstäbte sich aus – ihre Gemächer in Kempten sind beeindruckend ➤ S. 42

★ **STARZLACHKLAMM**
Gumpen, Wasserfälle, Stege und Felsen: Wanderabenteuer! ➤ S. 61

★ **AUDI ARENA**
In Oberstdorf die Aussicht der Skiflieger genießen ➤ S. 62

★ **ALLGÄUER BERGBAUERNMUSEUM**
Eintauchen in den Bauernalltag von vor 200 Jahren ➤ S. 54

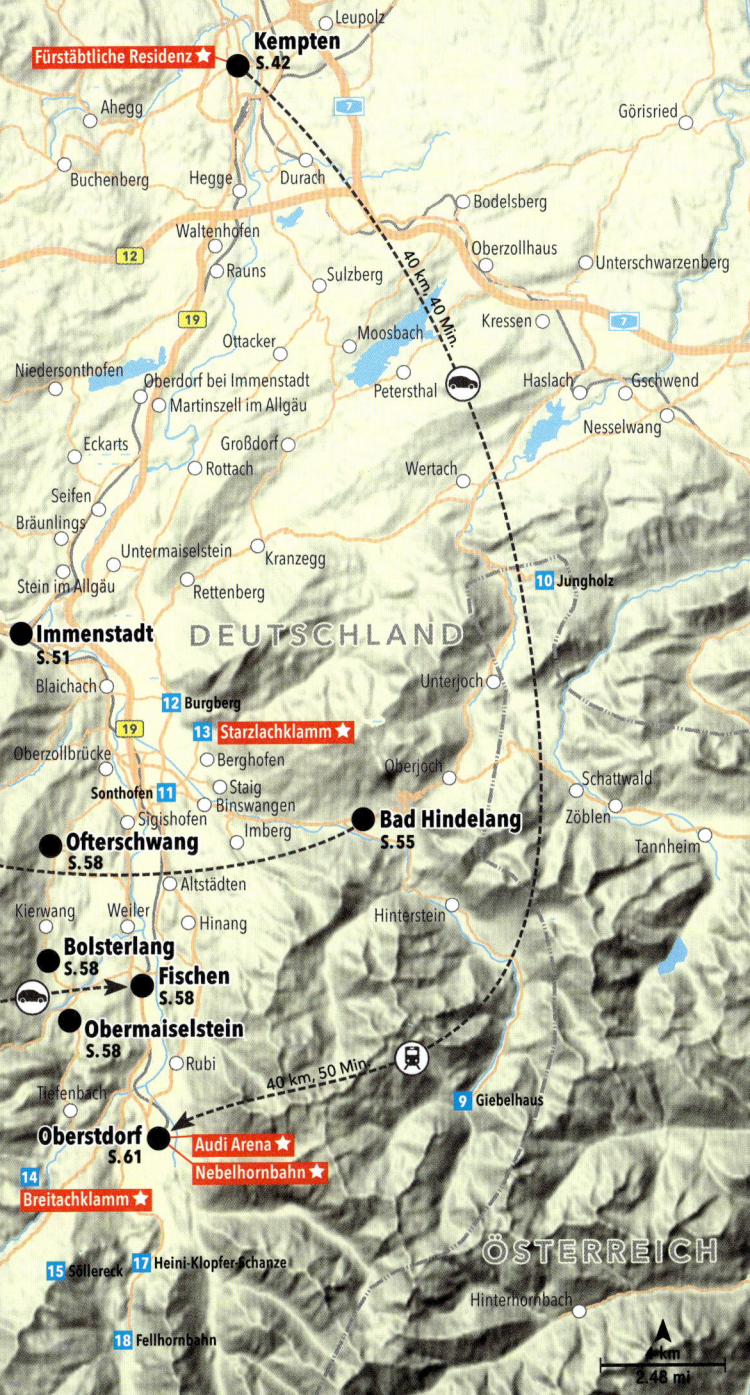

Leupolz

Kempten
S. 42

Fürstäbtliche Residenz ★

Ahegg

Görisried

Buchenberg

Hegge

Durach

Bodelsberg

Waltenhofen

Oberzollhaus

Unterschwarzenberg

Rauns

Sulzberg

Kressen

Moosbach

Niedersonthofen

Ottacker

Oberdorf bei Immenstadt

Petersthal

Haslach

Gschwend

Martinszell im Allgäu

Nesselwang

Eckarts

Großdorf

Rottach

Wertach

Seifen

Bräunlings

Untermaiselstein

Kranzegg

Stein im Allgäu

Rettenberg

10 Jungholz

D E U T S C H L A N D

Immenstadt
S. 51

Blaichach

12 Burgberg

Unterjoch

13 Starzlachklamm ★

19

Oberzollbrücke

Berghofen

Oberjoch

Schattwald

Sonthofen 11

Staig
Binswangen

Zöblen

Sigishofen

Imberg

Bad Hindelang
S. 55

Tannheim

Ofterschwang
S. 58

Altstädten

Kierwang

Weiler

Hinang

Hinterstein

Bolsterlang
S. 58

Fischen
S. 58

Obermaiselstein
S. 58

Rubi

40 km, 50 Min.

9 Giebelhaus

Tiefenbach

Oberstdorf
S. 61

Audi Arena ★

Nebelhornbahn ★

14
Breitachklamm ★

Ö S T E R R E I C H

15 Söllereck   17 Heini-Klopfer-Schanze

Hinterhornbach

18 Fellhornbahn

2 km
2.48 mi

40 km, 40 Min.

KEMPTEN

H6 **Willkommen in der Metropole des Allgäus! Na ja, jedenfalls nach hiesigen Maßstäben: Kempten ist mit 71 000 Einwohnern tatsächlich die größte Stadt des Allgäus und in wirtschaftlicher und kultureller Hinsicht ein wichtiges Zentrum.**

Für ihre lebendige Atmosphäre sorgen Gaststätten und Kneipen, ein Shoppingcenter und eine gepflegte Einkaufsmeile, das Stadttheater und die Veranstaltungshalle bigBOX, eine aktive Sport-, Kultur- und Museumsszene und nicht zuletzt die Hochschule mit ihren 6000 Studenten.

Stolz ist man in der Stadt an der Iller auf den Status als die älteste schriftlich erwähnte Stadt Deutschlands (18 n. Chr. durch den griechischen Geografen Strabon); unter den Römern war Kempten eine Zeit lang Hauptstadt der Provinz Rätien. Die Reste der römischen Metropole Cambodunum sind heute im Archäologischen Park zu bewundern.

Kempten ist auch ein Beispiel dafür, dass Konkurrenz zu Höchstleistungen anspornt: Hier rivalisierten jahrhundertelang die fürstäbtlich-katholisch geprägte Stiftsstadt und die bürgerlich-protestantische Reichsstadt politisch sowie städtebaulich miteinander. Erst 1818 wurden die beiden Rivalinnen endgültig vereinigt. Deshalb hat die Stadt heute zwei attraktive Zentren: Zum einen das Gebiet um die barocke Basilika St. Lorenz und die fürstäbtliche Residenz, zum anderen den Bereich zwischen dem St.-Mang-Platz und dem Rathausplatz mit den stolzen Patrizierhäusern und dem trutzigen Rathaus.

SIGHTSEEING

☎ An jedem 1. Sonntag im Monat ist der Eintritt in alle unten genannten Kemptener Museen (mit Ausnahme des Burgenmuseums) frei.

STADTFÜHRUNGEN

Die klassische Stadtführung *(Sa 11 Uhr, Mai–Okt. auch Mo, Do 11 Uhr | 7,50 Euro)* startet am Rathausplatz. Oder hast du Lust auf eine etwas ausgefallenere Themenführung? Dann melde dich doch zur Abendführung „Mystisches Kempten", zur Kostüm- und Erlebnisführung „Vom Gerichtsplatz zum Beinhaus" oder zur Führung mit Theaterszenen „Ritter – Fürstabt – Hexe" an. Krimiführungen auf den Spuren des Kult-Kommissars Kluftinger sind auch im Angebot. *kempten-tourismus.de*

FÜRSTÄBTLICHE RESIDENZ ★

Rokoko vom Feinsten, wohin das Auge blickt: glänzende Parkettböden, reich verzierte Stuckdecken, üppige Gemälde, Lüster, Spiegel und Möbel. Nein, von mönchischer Bescheidenheit ist in den Wohn- und Repräsentationsräumen des Fürstabts nichts zu spüren. Kein Wunder, der Abt war schließlich auch ein weltlicher Herrscher und wollte zeigen, dass er im Kreis der Reichen und Mächtigen mithalten kann. Eine Besichtigung (nur mit Führung, alle 45 Minuten ab Eingang Westseite) solltest du dir nicht entge-

KEMPTEN

Meckatzer Bräu-Engel
Alpinmuseum
Basilika St. Lorenz
Hofgarten
Wochenmarkt
Kempten-Museum
Fürstäbtliche Residenz ★
Theater in Kempten
Archäologischer Park Cambodunum (APC)
Stadtpark
Schalander
Venezia
Erasmuskapelle
Skylounge
Parktheater
Künstlerhaus
Allgäuer Burgenmuseum
Burghalde
Landschaftspark Engelhalde
300 m
328 yd
Mylord
Forum Allgäu
bigBOX Allgäu

Lorenzstraße · Fürstenstraße · Herrenstraße · Rottachstraße · Illerdamm · Jahnweg · Augartenweg · Kaufbeurer Straße · Brodkorbweg · Schumacherring · Poststraße · Eberhardstraße · Salzstraße · Lindenstraße · Fuchsbühlstraße · Westendstraße · Lindauer Straße · Königstraße · Mozartstraße · Freudental · Füssener Straße · Kesselstraße · Hirschstraße

hen lassen. *April–Sept. Di–So 9–16, Okt. Di–So 10–16, Nov., Jan.–März Sa/So 10–16 Uhr, Dez. tgl. während des Weihnachtsmarkts 12.15–16 Uhr | 3,50 Euro | Residenzplatz | kempten-tourismus.de*

KEMPTEN-MUSEUM

Das klassizistische Zumsteinhaus (erbaut 1802), eines der schönsten Bürgerhäuser der Stadt, beherbergt das komplett neu entwickelte Stadtmuseum. Hier unternimmst du eine interaktive Reise in die Stadtgeschichte. *Di–So 10–18 Uhr | Eintritt frei | Residenzplatz 31 | kempten-museum.de*

BASILIKA ST. LORENZ 🏴

Klotzen, nicht kleckern! Das war das Motto des Fürstabts Roman Giel von Gielsberg, der 1652 den Grundstein für den Neubau der im Dreißigjährigen Krieg zerstörten Kirche St. Lorenz legen ließ. Entsprechend groß und prächtig geriet der Sakralbau im damals topmodischen Barockstil. Es lohnt sich auch, nach den kleinen Details im Innenraum Ausschau zu halten: Das Chorgestühl ist mit Schnitzereien und Bildtafeln in aufwendiger Einlegetechnik reich geschmückt. Im Seitenschiff rechts findet sich in der Taufkapelle ein Schutzengelaltar von Dominikus Zimmermann. Im südlichen Seitenschiff (rechts neben dem Eingang) hängt ein auf den ersten Blick unspektakuläres Astkreuz, auf dem eine Jesusfigur eher steht als hängt. Es handelt sich um eines der ältesten und wertvollsten Stücke der Ausstattung, datiert um das Jahr 1350. *Stiftsplatz | stlorenz.de*

ALPINMUSEUM

Die Geschichte der Alpen als Lebensraum ist lang, die des Alpinismus vergleichsweise kurz. Wie es mit dem Bergsteigen und Skifahren begann, wie sich die Ausrüstung von den primitiven Anfängen an entwickelte und welche Bergsteiger als Pioniere die Alpen eroberten, ist hier zu sehen. Diese anrührende Sonderausstellung spürt einem Einzelschicksal nach: ein junger Lehrer, der von einer Bergtour nicht heimkehrt und dessen Geheimnis erst nach Jahrzehnten ans Licht kommt … *Di–So 10–16 Uhr | 4 Euro | Landwehrstr. 4 | kempten-tourismus.de*

INSIDER-TIPP
Geheimnis im Gletscher

ERASMUSKAPELLE

Ab in die Unterwelt geht es am St. Mang-Platz, nämlich in die Überreste einer unterirdischen Kapelle, die früher als Beinhaus diente, später zur Weinstube umgebaut und irgendwann einfach vergessen wurde. Erst 2008 wurde sie wiederentdeckt. Eine Multivisionsshow lässt dich die wechselhafte Geschichte sehr anschaulich erleben. Ein paar Totenschädel sehen auch zu. *Besichtigung (nur mit Führung, jeweils zur vollen Stunde) Do–Di 11–18 Uhr | 4 Euro | Ticketreservierung unter Tel. 0831 9602202 | kempten-tourismus.de*

ALLGÄUER BURGENMUSEUM

In diesem liebevoll gestalteten und geführten kleinen Museum können moderne Burgfräulein und Ritter erfahren, wie eine mittelalterliche Burg wirklich ausgesehen hat und wie man darin lebte. *Sa/So 10–16 Uhr | 3 Euro, Familienkarte 5 Euro | Burghalde 1 | Tel. 0831 5121468 (während der Öffnungszeiten) | allgaeuer-burgenmuseum.de*

ARCHÄOLOGISCHER PARK CAMBODUNUM (APC)

Was aus der Römerzeit übrig blieb, ist heute – in Teilen – in einem parkartigen Gelände hoch über dem rechten Illerufer zu besichtigen: der Tempelbezirk, Reste des Forums und die Kleinen Thermen (im Schutzbau). In der kleinen Taberna am Eingang gibt es sogar echt römische Snacks. *März–Nov. Di–So 10–17 Uhr | 4 Euro, kostenlose Führung So 11 Uhr | Cambodunumweg 3 | kempten-tourismus.de*

ESSEN & TRINKEN

MECKATZER BRÄU-ENGEL

Holzgetäfelte Stube mit Braukessel, deftige regionale Küche und gutes Bier. Durchgehend warme Küche. *Mo geschl. | Prälat-Götz-Str. 17 | Tel. 0831 5656489 | meckatzer-braeu-engel.de | €–€€*

SKYLOUNGE

Mit dem gläsernen Aufzug geht es himmelwärts, hinauf in das Lokal ganz oben auf dem (hässlichen) „Allgäu-Tower" – allein der sensationelle Blick in die Alpen und über die Dächer der Stadt lohnt den Besuch. Die Einheimischen kommen besonders gerne wegen des guten und vielfältigen Frühstücksbüfetts *(tgl. ab 8 Uhr für 15,50 Euro, Sa/So*

INSIDER-TIPP
Frühstück im Himmel

Römische Architektur: Funde und nachgebaute Stadtreste sind im APC zu sehen

17,50 Euro) hierher. *Beethovenstr. 3–5| Tel. 0831 69 73 15 81 | myskylounge.de | €€*

VENEZIA
Der „Deutsche Eismeister" Adriano Colle kreiert laufend köstliche neue Eissorten – unbedingt probieren! Ausgezeichnet wurde er für seine Kreation „Gewürze des Orients". Geheimtipp: Das Oliveneis mit süß eingelegten Oliven (gibt es nicht immer). *Feb.–Nov. tgl. | An der Sutt 14 | venezia-kempten.de | €€*

SCHALANDER
Eine Gaststube im augenzwinkernden Alpinstil, im Sommer schattige Draußen-Sitzplätze auf der Freitreppe, dazu eine frische, regionale Küche mit einem gewissen Anspruch. Hier lässt es sich mitten in der Stadt sehr gut speisen. *Mo–Sa 11.30–23 Uhr | So/Fei geschl. | Fischersteige 9 | Tel. 0831 1 68 66 | schalander-kempten.de | €€*

MYLORD
Der Lieblings-Italiener vieler Kemptener, gehobene italienische Küche, sehr freundliches Personal. *Tgl. | Kotterner Str. 72 | Tel. 0831 2 83 74 | €€*

SHOPPEN

WOCHENMARKT
Nicht verpassen: Der etwas trist gepflasterte Hildegardplatz neben der Basilika wird an den Markttagen zum pulsierenden Herz der Stadt, wo sich Einheimische und Auswärtige zum Einkaufen, Essen und Ratschen treffen. *April–Okt. Mi und Sa 7–13.30 Uhr*

Wochenmarkt in Kempten

FORUM ALLGÄU ☂

Das größte Shoppingcenter im Allgäu und der unangefochtene Shopping-magnet des Oberallgäus: 80 Fachge-schäfte auf drei Ebenen verteilt – von der Apotheke bis zum Zigarrenhaus. *Albert-Ott-Str. 4 | forum-allgaeu.de*

SPORT & SPASS

ERLEBNISBAD CAMBOMARE ☂

In der großzügigen Saunalandschaft entspannen, die Reifenrutsche aus-probieren, ein paar Bahnen schwim-men oder einfach mal abtauchen: In diesem modernen Erlebnisbad lässt sich ein Regentag höchst angenehm überstehen. *Mo–Fr 10–22, Sa/So 9–21 Uhr | 10,50 Euro (Badewelt) bzw. 20,50 Euro (Saunawelt) pro Tag | Ay-bühlweg 58 | cambomare.de*

SWOBODA ALPIN

Die größte Kletterhalle des Allgäus im neuen DAV-Alpinzentrum wartet mit lauter Superlativen auf: 2100 m^2 Klet-terfläche mit über 180 Routen in- und outdoor, dazu ein Boulderbereich von 1200 m^2. *Mo–Fr 11–22.30, Sa 9–22.30, So 9–21 Uhr | 14 Euro Einzeleintritt für Nicht-DAV-Mitglieder | Aybühlweg 69 | Tel. 0831 5 70 09 70 | dav-kempten.de*

BACHTELWEIHER GARTEN 👫

Hinter diesem „Garten" verbirgt sich eine höchst familienfreundliche Kom-bination aus Biergarten, Minigolfanla-ge, Streichelzoo, Wasser- und Sand-spielplatz – ein tolles Ziel für Eltern und Kinder. Gleich nebenan am Bach-telweiher ist eine Badestelle (Eintritt frei). *März–Nov. Mi–Sa ab ca. 11 Uhr, So ab 10 Uhr | Am Bachtelweiher 8 | Tel. 0831 93 06 11 80 | bachtelweiher-garten.de*

FESTE

Einmal im Jahr lassen es die Kempte-ner richtig krachen: Mitte August (in der Woche um Mariä Himmelfahrt) findet die *Allgäuer Festwoche (fest woche.com)* statt, eine Mischung aus Wirtschaftsausstellung, Kulturevent und Riesen-Bierzeltparty. Ab dem spä-ten Nachmittag heißt es: Dirndl anzie-hen und abfeiern!

AUSGEHEN & FEIERN

KÜNSTLERHAUS

Liebenswert: Das Multikulti-Szenecafé mit Kleinkunstbühne und kleinem Biergarten veranstaltet Yogakurse und

Improtheater-Abende neben anderen Events. Perfekt für einen gemütlichen Stopp beim Shoppingtrip oder einen lustigen Abend. *Beethovenstr. 2 | kuenstlerhaus-kempten.de*

PARKTHEATER

Die coolste Location in der Region für die Altersgruppe U 30, dreimal in der Woche Clubbing, Party, Livebands und angesagte DJs bis in den frühen Morgen. *Mi, Fr, Sa ab 22 Uhr | Linggstr. 2 | parktheater-kempten.de*

THEATER IN KEMPTEN

Plüschiges Theater aus der guten alten Zeit mit zeitgemäßem und vielseitigem Programm. Immer für einen unterhaltsamen Abend gut. *Theaterstr. 4 | theaterinkempten.de*

BIGBOX ALLGÄU

Konzerte aller Stilrichtungen, Musicals, Zaubershows, Comedy, Lesungen – in der bigBOX ist immer etwas geboten! *Kotterner Str. 64 | Tickethotline Tel. 0831 5 70 55 10 00 | bigboxallgaeu. de*

RUND UM KEMPTEN

1 ALTUSRIED

14 km von Kempten, 20 Min. (Auto)

Deutschlandweit bekannt ist die Marktgemeinde an der Iller als Heimat des (fiktiven) Kult-Kommissars Kluftinger. Krimiführungen auf seinen Spuren finden jeden zweiten Freitag um 16 Uhr statt (Buchung in der Gästeinformation). Bekannt ist Altusried aber auch als Theatergemeinde: Auf der malerischen *Freilichtbühne (freilichtbuehne-altusried.de)* im ehemaligen Steinbruch (die Tribüne ist überdacht) führen die Dorfbewohner alle zwei Jahre ein spektakuläres neues Stück um einen Freiheitshelden auf. Ansonsten gibt es Gastspiele und Konzerte.

Von Altusried aus lässt es sich auch prima wandern, zum Beispiel zur Burgruine Kalden und weiter zum Illerdurchbruch oder über den Hängesteg zum Sachsenrieder Weiher. *altusried.de | ▥ G5*

2 WEITNAU/MISSEN-WILHAMS

33 km von Kempten, 25 Min. bis Weitnau (Auto)

Die Dörfer Weitnau und Missen liegen hübsch ins Hügelland eingebettet. Sie nennen sich „Alpkönigdörfer" und erinnern damit an den „Alpkönig" Carl Hirnbein, der in Wilhams geboren wurde und in *Weitnau (weitnau.de)* lebte. Die Gegend zwischen den Dörfern ist ein Wanderparadies. Auf dem Aussichtsturm auf dem Hauchenberg wartet ein traumhafter Blick auf die Berge. Oder ihr folgt dem 6,5 km langen ☎Carl-Hirnbein-Erlebnisweg von Weitnau über Wilhams nach Missen. Er ist wegen seiner Spielstationen bei Familien sehr beliebt, aber auch sonst sehr reizvoll und wenig anstrengend. In Missen lädt der *Brauereigasthof Schäffler (brauerei gasthof-schaeffler.de)* zur Einkehr ein. Besondere Empfehlung

INSIDER-TIPP
Prost Mahlzeit!

<mark>unter den hausgebrauten Bieren: das halbdunkle Hausbier.</mark> Oder ihr kommt gleich zur Bierprobe *(jeden Di 10 Uhr).* 🕮 F7

OBERSTAUFEN

🕮 E8 **Prominent und wie auf einem natürlichen Balkon vor der Nagelfluhkette gelegen, ist Oberstaufen eine eigenwillige Mischung aus einem 1100 Jahre alten Allgäuer Dorf und einem mondänen Kurort.**

Im historischen Ortskern findet sich eine erstaunliche Anzahl an schicken Boutiquen, Schuh- und Trachtenmodengeschäften, Juwelieren, Cafés und Restaurants, die viele Tagestouristen aus dem weiteren Umkreis und der Schweiz anziehen. Rund um den Ortskern gruppieren sich zahlreiche Hotels, Pensionen, Appartment- und Ferienhäuser, die oft Kurgäste beherbergen: Oberstaufen ist nämlich der einzige anerkannte Schrothkurort Deutschlands. Zum Gemeindegebiet gehören u.a. auch das als Wintersportort bekannte Bergdorf Steibis (861 m) und zwei Golfplätze.

SIGHTSEEING

HEIMATMUSEUM BEIM STRUMPFAR ⚑
Ein wunderschön geschindeltes Bauernhaus aus dem Jahr 1788. Da die Bauern im schwierigen Allgäuer Klima früher oft nicht von der Landwirtschaft leben konnten, gingen sie im Winter handwerklichen Tätigkeiten nach. In diesem Haus gab es eine Strumpfwirkerei (daher der Name), in der bis 1923 noch Strümpfe gefertigt und verkauft wurden. Zusätzlich zum Laden und den Stuben sind eine Sammlung religiöser Volkskunst und mehrere original erhaltene Werkstätten zu sehen. Eine richtige Zeitreise! *Mi und Fr 15–17, So 10–12 Uhr | 3 Euro | Jugetweg 10*

ESSEN & TRINKEN

CAFÉ BLAUES HAUS
Eine echte Lieblingsadresse zum Stöbern und Genießen: Das blaue Haus zeigt sich als eine Mischung aus skandinavisch inspiriertem Dekoladen und Café mit gutem Kaffee und Kuchen und bezauberndem Garten. *Tgl. 10–18 Uhr | Freibadweg 2 | Tel. 08386 44 76 | blaueshaus-oberstaufen.de | €*

BEIM STRUMPFAR ⚑
Sehr authentisch und urgemütlich: Auf dem Gelände rund ums Heimatmuseum wurde die ehemalige Alpe Vögelsberg originalgetreu wieder aufgebaut und darin ein Wirtshaus eröffnet. Serviert wird deftige regionale Küche zu kleinen Preisen. Der Apfelstrudel: köstlich! *Mo, Do 10–22, Mi, Fr–So 10–19 Uhr | Kalzhofer Str. 14 | Tel. 08386 962 71 70 | beimstrumpfer.de | €*

SPORT & SPASS

Die Möglichkeiten sind schier unbegrenzt: Allein rund 1000 km Wanderwege stehen dir im Naturpark Nagelfluhkette offen. Wenn du fit und trittsicher bist und keine Höhenangst hast, kannst du dich an die etwa 14 km lange (Gehzeit ca. 6 Std.) *Nagelfluh-Gratwanderung* vom Hochgrat bis zum Mittagberg (oder umgekehrt) wagen, die unglaublich schöne Panoramablicke bietet – hoch und runter geht es jeweils mit der Bergbahn. Außerdem locken mehrere Nordic-Walking-Strecken und Mountainbikerunden, ein Klettergarten *(sport-hauber.de)* auf dem Imberg und eine Sommerrodelbahn am Hündle. Moderne Sessellifte und Kabinenbahnen fahren zum Hochgrat *(hochgrat.de)*, Hündle und Imberg *(beide: huendle.eu)*.

INSIDER-TIPP
Auf schmalem Grat

Im Winter gibt es in und um Oberstaufen 28 Lifte und Bergbahnen für Alpinskifahrer und Snowboarder. Am Imberg kann man prima rodeln, samstags sogar abends bei Beleuchtung. Für geübte Rodler bietet die 5 km lange Rodelstrecke am Hochgrat ein rasantes Vergnügen. Langläufer finden zwölf Loipen mit 100 km Strecke (klassisch und Skating), dazu kommen 60 km geräumte und 30 km gewalzte Winterwanderwege.

Typisch für Oberstaufen ist die Schrothkur. Sie besteht aus einer speziellen Fastenkur und soll den Körper entgiften. Für den Fall, dass du die Sache nicht ganz so diszipliniert angehen, sondern einfach etwas entspannen möchtest, haben mehrere Hotels in Oberstaufen Wellnessbereiche, die auch von Nicht-Hotelgäs-

Erst mal eine Kaffeepause und dann Deko shoppen: Blaues Haus

Im Zentrum von Immenstadt erhebt sich die Mariensäule über dem gleichnamigen Platz

ten als Day-Spa genutzt werden können.

ERLEBNISBAD AQUARIA

Innen- und Außenbecken mit angenehm warmem Wasser, Luft- und Nackensprudler, Massagedüsen, dazu eine großzügige Saunalandschaft samt „Gipfelsauna" mit Bergblick und ein umfassendes Massageangebot (am besten vorbuchen!) – im Aquaria kannst du einen herrlichen Wellness- und Entspannungstag verbringen. *Tgl. 9–22 Uhr | 11–21 Euro | Alpenstr. 5 | aquaria.de*

AUSGEHEN & FEIERN

ZUM APOST'L

Eine Oberstaufener Institution in Sachen Futtern und Abtanzen: eine gemütliche Kellerbar mit Disco und Live-

musik. *Fr/Sa und vor Feiertagen 20–3.30 Uhr | Bahnhofsplatz 2 | apostl.de*

RUND UM OBERSTAU-FEN

3 ST. BARTHOLOMÄUS ⭐

2 km von Oberstaufen / 30 Min. (zu Fuß)

Von Oberstaufen aus lohnt sich der etwa halbstündige Spaziergang ins Dörfchen Zell. Die von außen unauffällige kleine Kirche ist ein wahres Schatzkästlein der Gotik: Der Altarraum ist mit sorgfältig restaurierten Fresken aus dem 15. Jh. bedeckt (links aus dem Leben Mariens, rechts zu den

Aposteln als Märtyrer). Der Hochaltar und die beiden Seitenaltäre sind ebenfalls gotische Prachtstücke von höchster Qualität. Nimm dir Zeit, die Details mit Muße zu betrachten: Am linken Seitenaltar beispielsweise steht der Heilige Alban und hält betrübt seinen abgeschlagenen Kopf in den Händen, daneben zeigt der Pestheilige St. Rochus anklagend auf die Pestbeule auf seinem entblößten Knie. Der Heilige Georg auf dem rechten Altarflügel trägt das Wappen der Grafen von Montfort – ein wenig subtiler Hinweis darauf, dass diese damals die Ausstattung des Kirchleins finanzierten. Tja, Sponsoring ist keine Erfindung der Neuzeit! *E7*

4 BAUERNHAUSMUSEUM 'S HUIMATLE

4 km von Oberstaufen / 7 Min. (Auto)
Schon von außen ist das urige Bauernhaus aus dem 17. Jh. in Knechtenhofen ein Hingucker. Drinnen ist es originalgetreu eingerichtet und vermittelt ein Bild vom Leben der Bauern in früherer Zeit, mit Handwerkszeug vom Schuster, Sattler, aus Flachsverarbeitung und Käseküche. Falls du größer als 1,80 m bist heißt es aber: vor den Türstöcken Kopf einziehen! Die Allgäuer waren früher einfach deutlich kleiner … *Mai–Okt. Mi 14–16, So 10–12 Uhr | 2 Euro | Knechtenhofen 7 | F8*

5 KRÄUTERALP HÖRMOOS

5 km von Oberstaufen / 8 Min. (Auto)
In der höchstgelegenen Destille des Allgäus kannst du Hochprozentiges aus Biolandbau erstehen: preisgekrönte Obstbrände, Destillate, Bitter, Liköre, Öle und andere feine Tropfen. *Mai–Okt. Sa–Mo 14.30–16.30 Uhr | Steibis | neben dem Alpengasthof Hörmoos | kraeuteralp.de | E8*

IMMENSTADT

G8 **Die Stadt liegt etwas eingezwängt zwischen dem Kleinen Alpsee und der Iller im schmalen Tal der Konstanzer Ach.**
Die Ortsteile Akams, Knottenried-Diepolz, Rauhenzell, Stein und Eckarts sind in Wirklichkeit außerhalb gelegene Dörfer mit sehr ländlichem Charakter, während Bühl am Großen Alpsee mit einem fast italienischen Seebadcharme glänzt. Immenstadt selbst ist außerhalb des historischen Stadtkerns nicht besonders schön, aber mit seiner Lage am Fuß der Nagelfluhkette der perfekte Ausgangspunkt für jede Menge Outdoorerlebnisse.

SIGHTSEEING

MUSEUM HOFMÜHLE
In der ehemals gräflichen Hofmühle aus dem 18. Jh. wird die Stadtgeschichte anschaulich präsentiert. Da Immenstadt früh industrialisiert wurde, liegt ein Schwerpunkt der Ausstellung auf der Wirtschaftsgeschichte, von den Wanderhändlern mit ihren Kraxen über die Geschichte des Immenstädter Strumpfproduzenten Kunert bis hin zur „Imme", einem kleinen Motorrad, das nach dem Zweiten Weltkrieg in der Stadt gebaut wurde.

Mi–So 14–17 Uhr | 3 Euro | An der Ach 14 | museum-hofmuehle.de

ESSEN & TRINKEN

HOTEL KRONE

In den ländlich-modern eingerichteten Stuben des Hotel-Restaurants sind auch Einheimische gerne zu Gast. Die Speisekarte bietet eine große Auswahl an regionalen und internationalen Gerichten und der Service ist freundlich. Abends können auch Nicht-Hausgäste an der Bar ein Bier trinken oder einen Cocktail genießen. *Rottachbergstr. 1 | Immenstadt-Stein | Tel. 08323 9 66 10 | hotel-krone-stein.de | €€*

SHOPPEN

TRACHTEN SCHABER

Hast du Lust auf ein echtes Allgäuer Trachtenoutfit, das trotzdem trendig ist? Dann ist das die richtige Adresse: „Beim Schaber" kaufen die Einheimischen aus dem weiteren Umkreis. Die hauseigene Schneiderei sorgt dafür, dass alles auch wirklich perfekt passt. Allerdings: Nach Edelweißhosenträgern brauchst du nicht zu fragen! Denn die original Allgäuer Trachten bleiben bei Trachten Schaber den originalen Allgäuern vorbehalten. Aber die verbleibende Auswahl ist bestimmt groß genug. *Bräuhausplatz | schaber.com*

FLASCHENGEIST

Kleine Oase für Liebhaber guter Weine. Zudem verkauft Christoph Blees Hochprozentiges, Tee und Kaffee, Öl, Essig und passende Gefäße. *Bahnhofstr. 25 | flaschengeist-immenstadt. de*

ALPSEE OUTLET

Wenn du gerne Schnäppchen jagst, solltest du hier mal auf die Pirsch gehen: Früher war es der Werksverkauf des Strumpfherstellers Kunert, heute werden neben Strümpfen auch Jeans und Mode internationaler Marken, Wäsche, Outdoor- und Sportbekleidung angeboten. *Julius-Kunert-Str. 44 | Ortsausgang Richtung Oberstaufen | alpseeoutlet.de*

SPORT & SPASS

Auf den Mittagberg (1452 m) kannst du gemütlich mit der Sesselbahn *(mit tagbahn.de)* fahren und von dort aus in alle Richtungen loswandern. Auf dem Mittaggipfel gibt es zudem drei Startbahnen für Drachen- und Gleit-

schirmflieger. Kletterer gehen von der Gipfelstation der Mittagbahn weiter bis zum Klettergarten am Steineberg (nur für Geübte!).

Viel Spaß für Familien bietet das *Freibad (freibad-immenstadt.de)* am Kleinen Alpsee (2 km östlich von Immenstadt) mit Sprungturm und Floß im See sowie 50-m-Sportbecken, Planschbecken und einem Nichtschwimmerbecken.

RUND UM IMMENSTADT

6 GROSSER ALPSEE

3 km von Immenstadt / 6 Min. (Auto)

Der Große Alpsee ist mit bis zu 22 m Tiefe und 247 ha Fläche der größte Natursee des Allgäus und bei Wasser-sportlern entsprechend beliebt – vor allem aber wegen seiner Lage inmitten der Berge ein traumhaftes Ziel. Der Badeplatz mit Liegewiese neben der Promenade in Bühl ist kostenlos; den traumhaften Seeblick gibt es ohnehin gratis dazu. Sehr hübsch und gepflegt ist das kleine *Strandbad Hauser (seecafe-hauser.de)* mit eigenem Café, Boots- und SUP-Verleih. Tret- und Ruderboote, Surf- und Kiteausrüstung sowie Stand-up-Paddles kann man bei der *Wassersportschule Oberallgäu (wassersportschule-oberallgaeu.de)* in Bühl ausleihen, die auch Segel-, Surf- und Kitekurse anbietet. Ein ungewöhnliches Erlebnis ist die Seerundfahrt ab dem Bühler Hafen auf der *Alpsee-Lädine Santa Maria Loreto (Reservierung bis 15 Min. vor Fahrtbeginn alpseesegler.de | 8 Euro),* einem original nachgebauten historischen Lastsegelschiff. 🛥 *G8*

Der Große Alpsee: Natur pur, aber die Wassertemperatur ist gewöhnungsbedürtig

Ein Selbstversorgergarten wie hier im Bergbauernmuseum gehörte früher zu jedem Hof

7 ALPSEE BERGWELT ★

7 km von Immenstadt / 9 Min. (Auto)

Rauf kommst du in einer Dreiviertelstunde zu Fuß oder mit der Sesselbahn *(einfache Fahrt 7 Euro)*. Oben liegt Bayerns größter *Hochseilgarten (23,50 Euro, Kinder 18,50 Euro | kletterwald-baerenfalle.de)* mit abwechslungsreichen Parcours (besonders rasant: der Flying-Fox-Parcours „Fliegender Bär") zwischen einem und 20 Metern Höhe. Für Familien mit bewegungsfreudigen Kindern ist auch die *Abenteuer Alpe (5 Euro, Kinder 6–13 J. 7 Euro)* attraktiv, ein riesiger Outdoor-Spielplatz mit Streichelzoo. Runter kannst du mit Deutschlands längster (2800 m) Ganzjahresrodelbahn sausen, dem 🎭 *Alpsee Coaster*

(7 Euro, Kinder 6–13 J. 6 Euro) – ein echter Fahrspaß mit Kurven, Wellen und Jumps. *Versch. Kombitickets | Ratholz 24 | an der B 308 | alpsee-bergwelt.de | 🗺 F8*

8 ALLGÄUER BERGBAUERNMUSEUM ★ 🎭

10 km von Immenstadt / 14 Min. (Auto)

Für Kinder ist das Museumsareal ein riesiger Park voller Attraktionen. Aber auch für Erwachsene ist es interessant, den Alltag der Bergbauern vor 200 Jahren nachempfinden zu können. Dazu tragen Filmaufnahmen und Fotos ebenso bei wie die originalen Gebäude: Bauernhof, Tenne, Imkerhaus, Heuschinde, Alpe und Bauerngarten. Auf dem Freigelände leben Bienen,

Hühner, Schafe, Schweine, Esel und Rinder. Lustig sind der begehbare Kuhmagen und der Heustock, in dem Kinder nach Herzenslust herumhüpfen dürfen. Es gibt auch Themen- und Kinderführungen sowie Aktionstage zum Mitmachen (Programm und Termine auf der Webseite). *Mitte April–Anf. Nov. tgl. 10–18 Uhr | 7 Euro, Kinder bis 7 Jahre frei, Familienkarte 14 Euro | Diepolz 44 | bergbauernmuseum.de | ⏱ 2–3 Std. | 🗺 G7*

BAD HINDELANG

🗺 H8 **Malerisch liegt das Dorf im Tal der Ostrach inmitten hoch aufragender Berge. Bad Hindelang (5000 Ew.) zählt 1 Mio. Übernachtungen pro Jahr und damit zu den wichtigsten Tourismusorten ganz Bayerns. Kein Wunder: Hier finden Sportler, Familien und Ruhesuchende alles, was den Urlaub schön macht – vor allem eine wunderbare Natur.**

Der Ortsteil Hinterstein ist ein Paradies für (Berg-)Wanderer, am Oberjoch und Unterjoch herrschen für Skifahrer ideale Bedingungen und in der reinen Luft können alle aufatmen: Die Höhenlagen des heilklimatischen und Kneipp-Kurorts sind extrem arm an Pollen- und Schimmelpilzsporen, komplett frei von Hausstaubmilben und praktisch frei von Feinstaub. Als erster Ort im Alpenraum wurde Bad Hindelang mit dem Qualitätssiegel

ECARF für Allergiefreundlichkeit ausgezeichnet.

SIGHTSEEING

ST. JODOKUS
Architektonisch ist das 1938 erbaute Kirchlein eher misslungen, aber im Inneren birgt es Kostbarkeiten: Ein anrührendes Zeugnis der mittelalterlichen Volksfrömmigkeit ist die auf einem Esel reitende Jesusfigur (geschaffen um 1470), die noch heute alljährlich bei der Prozession am Palmsonntag mitgeführt wird. *Richard-Mahn-Str. 21/2 | Bad Oberdorf*

HAMMERSCHMIEDEN BAD OBERDORF
Im Ostrachtal lebten die Menschen seit dem 15. Jh. vom Bergbau. Hier wurde das im Hintersteiner Tal gewonnene Erz zu Töpfen und Waffen verarbeitet. Schon die Werkstätten an sich sind sehenswert – du kannst den Schmieden bei ihrer Arbeit über die Schulter sehen. Die handgemachten Pfannen sind unverwüstlich und – ein so praktisches wie einzigartiges Mitbringsel. *Obere Hammerschmiede (Hornweg 3 | Tel. 08324 5 81); Hammerschmiede Bad Oberdorf (Schmittenweg 17 | Tel. 08324 12 30); Hammerschmiede Konrad Neßler (Ostrachstr. 46 | Tel. 08324 14 78)*

KUTSCHENMUSEUM HINTERSTEIN
Für die einen ist es seine gruselige „Kruschtsammlung", für die anderen eine fantastische Traumwelt. In jedem Fall ist das kleine Privatmuseum eine

sehr ungewöhnliche Einrichtung, die Schaufensterpuppen und Kutschen nebst ausgestopften Tieren in so detailreichen wie skurrilen Kulissen zeigt. *Tgl. 8–20 Uhr | Eintritt frei | an der Ostrach bei Hinterstein (nur zu Fuß zu erreichen) |* ⏱ *1 Std.*

ESSEN & TRINKEN

ZUR OBEREN MÜHLE

Gehobene regionale Küche, serviert in einer herrlichen holzverkleideten Stube aus dem 17. Jh. Besser reservieren. *Mo/Di und mittags geschl. | Bad Oberdorf | Ostrachstr. 36/40 | Tel. 08324 28 57 | obere-muehle.de | €€–€€€*

WIRTSHAUS KEMATSRIED

Gute regionale Küche im ehemaligen Kuhstall einer uralten Alpe. Sehr gemütlich. 5 km von Bad Hindelang in Oberjoch. *Di geschl. | Ornachstr. 31 | Tel. 08324 9 73 49 79 | €€*

SHOPPEN

BIO-SCHAUKÄSEREI OBERE MÜHLE

Direkt vom Erzeuger bekommst du hier etliche Sorten Kuhmilch-, Schafs- und Ziegenkäse aus reiner Heumilch in besonders guter Qualität. Eine echte Köstlichkeit ist in dieser Käserei der Bockshornkleekäse. Die Termine zum Schaukäsen werden auf der Webseite veröffentlicht. *Tgl. 9.30–13 und 14–18 Uhr | Eintritt frei | Bad Oberdorf | Ostrachstr. 36/40 | obere-muehle.de/bio-kaeserei*

INSIDER-TIPP
Bitte mit Bockshorn!

SPORT & SPASS

Im Sommer ist die Gegend ein großartiges Wanderziel, in dem du gemütliche Tal- oder Hüttenwanderungen bis hin zu hochalpinen Touren unternehmen kannst. An der Hornbahn bietet ein *Bikepark (bikepark-hindelang.de)* erfahrenen Freeridern zwei Routen (yellow und black) und mehrere Parcours über insgesamt 9 km mit jeweils 516 Metern Höhenunterschied. An heißen Tagen findest du Abkühlung im Naturbad in Bad Hindelang oder im klaren, frischen Quellwasser der kleinen Prinze Gumpe in Hinterstein.

Das Skigebiet Oberjoch ist besonders familienfreundlich, aber auch sportliche Fahrer werden hier Spaß haben. Die beheizten Sessellifte *(berg bahnen-hindelang-oberjoch.de)* bringen dich bequem auf die Pisten. Familien und (Wieder-)Einsteiger, die es erst einmal ruhiger angehen möchten, bevorzugen das Skigebiet Unterjoch mit seinen beiden Schleppliften und den moderaten Preisen *(spieserlifte. de)*. Von Bad Hindelang aus bringt dich die Hornbahn ins Rodelgebiet Imberger Horn *(hornbahn-hindelang. de)* mit drei etwa 4 km langen Naturrodelstrecken. Einen Schlitten kannst du dir an der Talstation der Bahn leihen.

FESTE

Vom ersten bis zum zweiten Adventswochenende verwandelt sich Bad Hindelang in ein zauberhaftes Weihnachtsdorf mit lebenden Krippen,

Schauwerkstätten von Kunsthandwerkern, Musik, Theater und zwei großen Umzügen mit fantasievoll kostümierten Märchen- und Sagenwesen. *hinde langer-weihnachtsmarkt.de*

RUND UM BAD HINDELANG

9 GIEBELHAUS

10 km von Hinterstein / 30 Min. (Bus)
Auf 1087 m mit atemraubendem Rundblick auf die Allgäuer Hochalpen liegt diese ganzjährig betriebene einfache Wirtschaft, die Ausgangspunkt für viele Wanderungen ist. *Tgl. 11–18 Uhr | Hinterstein | Giebelstr. 100 | Bus ab Hinterstein (fährt stündlich), zu Fuß ca. 2 Std., für Autos gesperrt | Tel. 08324 8146 | giebelhaus.de | € | ⌗ J9*

10 JUNGHOLZ

16 km von Bad Hindelang / 20 Min. (Auto)
Die österreichische Enklave ist gerade mal 7 km² groß und zählt etwa 300 Ew. Der einzige Weg direkt ins Mutterland führt über den Sorgschrofen (1635 m). Im Winter liegt am Nordhang des Berges ein familienfreundliches und preisgünstiges Skigebiet. Im Sommer zieht es vor allem Wanderer und Naturliebhaber nach Jungholz. Eine auch bei den Einheimischen beliebte Einkehr ist das *Kamelstüble (kamelstueble.com)* mit

Ein Kletter- und Wanderparadies ist die Gegend um Bad Hindelang

seinen deftigen Bratwurstspezialitäten. Das namengebende Höckertier ist inzwischen allerdings gestorben. Schräg und lustig geht es beim Hüttenwirt Karl Gehring zu, der auf der *Stubentalalpe (alpestubental.com)* für Livemusik sorgt und selbst mitspielt. An den Sommerwochenenden ist hier richtig was los, denn Karl – El Carlos

INSIDER-TIPP
Livemusik bei El Carlos

Hörner tragende Tiere vor der Bergen der Hörnerkette beim Hörnerdorf Bolsterlang

ist sein Künstlername – genießt Kultstatus. *jungholz.com* | ◫ J7–8

HÖRNER-DÖRFER

◫ G–H9 **Nein, mit Kühen und ihren Hörnern hat der Name der Verwaltungsgemeinschaft Hörnergruppe nichts zu tun. Namensgeber waren vielmehr die umliegenden Berge, das Rubihorn und die Hörnerkette vom Bolsterlanger Horn bis zum Riedberger Horn.**

Die fünf Hörnerdörfer haben unterschiedliche Charaktere: Der gemütliche Hauptort Fischen liegt an der Iller im Talgrund und verfügt über einen Bahnhof. Ofterschwang, Bolsterlang und Obermaiselstein schmiegen sich

an die Ostseite der Nagelfluhkette. Von Obermaiselstein führt die Riedbergpassstraße, die höchste Alpenstraße Deutschlands (1420 m), zur fünften der Gemeinden, nach Balderschwang. Das Bergdorf liegt in einem Hochtal, das wegen seiner Schneesicherheit im Winter auch „Bayerisch Sibirien" genannt und von Skifahrern geschätzt wird. Bikefahrer mit und ohne Motor lieben den Riedbergpass mit seinen steilen Kurven im Sommer, Wanderer mögen die Hörnerdörfer zu jeder Jahreszeit.

SIGHTSEEING

STURMANNSHÖHLE ☂

Lust auf eine im wahrsten Sinne des Wortes unterirdische Erfahrung? Durch enge Gänge und über viele Stufen steigst du hinab in die Unterwelt bis zu einem tosenden unterirdischen

Bach. **Im Winterhalbjahr kannst du mit etwas Glück eine schlafende Fledermaus an der Höhlenwand entdecken.** Psst!

INSIDER-TIPP
Guck mal, was da hängt

Nicht wecken! Bei Obermaiselstein liegt die einzige begehbare Spalthöhle des Allgäus, sie wurde bereits 1905 für Besucher geöffnet und kann – außer zur Zeit der Schneeschmelze – ganzjährig besichtigt werden. Nur mit Führung. *Jan.–April Mi–So 11–16, Mai–Anf. Nov. tgl. 9.30–16.30 Uhr | 5 Euro | sturmannshoehle.de*

ESSEN & TRINKEN

GAISBOCK
Die Einrichtung ist zeitgemäß alpin, die Küche regional, aber modern interpretiert. *Mi/Do geschl. | Hauptstr. 11 | Fischen | Tel. 08326 25 69 30 | gaisbock.eu | €€*

CAFÉ RAPP
Ein bisschen altmodisch, aber beliebt: Im Café Rapp gibt es gute kleine Gerichte und große Torten- und Kuchenstücke aus eigener Konditorei. Neben der Terrasse ist ein großer Spielplatz. *Di–So 10–18 Uhr | Am Scheid 15 | Obermaiselstein | Tel. 08326 3 64 40 | cafe-rapp.info | €*

SILBERDISTEL
Das ist DIE Adresse, wenn du deinen Luxusgaumen mal mit exquisiter Küche in edlem Ambiente verwöhnen möchtest. Seit 2010 verteidigt das Restaurant, das zum Luxushotel Sonnenalp gehört, erfolgreich seinen Michelin-Stern. *Mi–Sa ab 18.30 Uhr, Re-servierung empfohlen | Sonnenalp 1 | Ofterschwang | Tel. 08321 2 72 96 | sonnenalp.de | €€€*

SPORT & SPASS

In den Hörnerdörfern kannst du alle möglichen Outdoor-Aktivitäten ausprobieren: Raften auf der Iller *(von Fischen aus | map-erlebnis.de)* oder schießen wie Robin Hood auf dem *Bogenübungsplatz (Mai–Anfang Nov. | Bogenschießkurse für Anfänger und Fortgeschrittene | bogendorf.info)* oder in den beiden 3D-Parcours in Bolsterlang. Lustig für Kinder und Kindsköpfe ist eine Fahrt mit dem *Downhill-Roller (go-ofterschwang.de)* von der Bergstation des Weltcup-Express nach Ofterschwang ins Tal hinunter. Oder mit dem Mountaincart von der Bergstation der *Hörnerbahn (hoernerbahn.de)* – gut bremsen in den Kurven! Falls dir eher nach einem gemütlichen Badetag zumute ist, kannst du den im 🐊 Fischener Freibad verbringen. Für Kinder ist es mit seinem Strömungskanal und dem Wasserspielgarten besonders schön. Im Winter hat man die Wahl zwischen fünf Skigebieten mit insgesamt 85 Pistenkilometern, für die es eine Verbundkarte gibt. Wenn du fit bist, traust du dich bestimmt auf die FIS-Damen-Weltcup-Strecke in Ofterschwang. Auf Langläufer und Skater warten 110 km Loipen und Pisten. Wunderschön ist eine Winterwanderung über den präparierten Panorama-Höhenwanderweg (7 km) von der Bergstation der Hörnerbahn am Bolsterlanger Horn bis unters Riedberger Horn und zurück.

RUND UM DIE HÖRNER-DÖRFER

11 SONTHOFEN

8 km von Fischen / 10 Min. (Auto)

Die südlichste Stadt Deutschlands liegt am Fuß des Grünten. Nach Bombardierungen im Zweiten Weltkrieg kann es den Charme einer mittelalterlichen Altstadt nicht (mehr) bieten. Dafür sind die Ortsteile Altstädten und Hinang landschaftlich reizend gelegen und angenehm dörflich geprägt. Kern des Museums *Heimathaus (Dez.– Mitte Okt. Di–Do und Sa/So 15–18 Uhr | 2,50 Euro | Sonnenstr. 1)* ist ein original erhaltenes Bauernhaus aus dem 18. Jh., das bis ins Detail die traditionelle ländliche Wohnkultur vermittelt. Auf der übrigen Ausstellungsfläche verteilen sich Stücke zur Stadtgeschichte, zu Arbeit und Brauchtum sowie zu den Anfängen des Tourismus. Im Untergeschoss findest du Masken und Filme vom Egga-Spiel, einem Sonthofener Brauchtum zur Fastenzeit, das uralte Wurzeln hat. Sehr interessant ist auch die multimedial aufbereitete geologische Abteilung im Obergeschoss, in der du gedanklich durch die Zeit bis zur Entstehung der Alpen zurückreist.

INSIDER-TIPP
Eigenartige Maskerade

Vintage-und-modern-gemixt-Look und Sitzplätze vor dem Haus: Das hübsche Café *Kaffee Bene (Mo geschl. | Spitalplatz 2 | kaffee-bene.de |* €) hat neben (gutem) Kaffee und Kuchen, frischen und preiswerten kleinen Gerichten auch die Möbel, Lampen und Dekoartikel im Angebot – das Bene ist zugleich Café und Laden.

Bei *Allgäuer Keramik (Töpferweg 16 | Mo–Fr 9–18 Uhr, Sa 9.30–13 Uhr | all gaeuer-keramik.de)* im Ortsteil Altstädten wird schon seit über 90 Jahren Keramik hergestellt, darunter die typischen Kässpatzenschüsseln mit ihren traditionellen Mustern. Bring Zeit zum Stöbern mit: Neben den hauseigenen Produkten sind auch Kerzen, Tischwäsche, Kissenbezüge, Koch- und Backbücher und Dekoartikel zu finden – du wirst sicher nicht ohne Urlaubsmitbringsel aus diesem bezaubernden Laden gehen.

In Sonthofen wartet mit dem *Wonnemar (Mai–Sept. tgl. 10–21, Okt.– April 10–22 Uhr | Tageskarte 16,90 Euro | Stadionweg 5 | wonnemar.de/sonthofen)* das schönste Erlebnisbad der Region. Es begeistert junge Familien mit seinem Kleinkindbereich, die größeren Kids mit drei wilden Rutschen und Wellenbad und die Genießer mit seinem Wellness- und Saunabereich und vielem mehr. *G–H8*

12 BURGBERG

10 km von Fischen / 13 Min. (Auto)

Das Dorf liegt direkt am Grünten und bietet sich als Ausgangspunkt für etliche Wanderungen an, z. B. auf den Grüntengipfel. An die regionale Geschichte der Eisenindustrie des 15. Jhs. erinnert die *Erzgruben-Erlebniswelt (Mai–Okt. tgl. 10.30–17 Uhr, 2 bis 5 Grubenführungen tgl. | 8 Euro (Führung und Museumsdorf) | erzgruben.*

Gebirgsjägerdenkmal auf dem Grüntengipfel

de). Im Rahmen einer Führung kann man einige der dunklen, kalten Stollen besichtigen und bekommt ein Gefühl dafür, wie hart die Arbeit am und im Berg war. An warmen Tagen ist das *Naturbad (familienvitalpark.de)* in Burgberg der perfekte Ort für einen sonnenverwöhnten Badetag. *H8*

🔟 STARZLACHKLAMM ⭐
12 km von Fischen bis zum Parkplatz Winkel / 20 Min. (Auto)

Sie ist kleiner und nicht so bekannt wie die Breitachklamm, aber auch sehr reizvoll: Der Weg durch die Klamm führt über Felsen und Stege oberhalb der gurgelnden Starzlach, die sich über mehrere Wasserfälle in kesselförmige Wassermühlen (Gumpen) ergießt. Ausgangspunkt für die Wanderung ist der Parkplatz im Ortsteil

Winkel. *Mai–Okt. tgl. 9–18 Uhr (witterungsabhängig) | 3,50 Euro | H8*

OBERSTDORF

H9–10 **Die südlichste Gemeinde Deutschlands ist nicht umsonst weltberühmt: Oberstdorf liegt geradezu bilderbuchmäßig inmitten hoher Berge.**

Von hier aus kannst du jede Menge Outdoorabenteuer in wildromantischer Natur erleben, per Bergbahn Gipfelerlebnisse sammeln, Sportstätten live besichtigen, die man sonst nur im Fernsehen sieht und auch gut essen und shoppen. Wenn dir der Sinn nach idyllischer Bergeinsamkeit und Ruhe steht, ist Oberstdorf dage-

Oberstdorfer Skisprungschanzen

VILLA JAUSS

Außen Toskana, innen moderne Kunst: Die denkmalgeschützte Villa im toskanischen Stil beherbergt Kunst des 20. Jhs. (u. a. Originalzeichnungen von Picasso, Chagall, Kokoschka) und wechselnde Ausstellungen zeitgenössischer Künstler. *Öffnungszeiten und Eintrittspreise je nach Ausstellung | Fuggerstr. 7 | villa-jauss.de*

NEBELHORNBAHN ⭐

Schon bei ihrer Eröffnung im Jahr 1930 war die Nebelhornbahn eine Sensation. Auch heute solltest du dir die Fahrt auf den Nebelhorngipfel mit seinen 2224 m Höhe nicht entgehen lassen. Allein der berühmte 400-Gipfel-Blick in die Allgäuer Hochalpen ist die Fahrt wert; auf der Terrasse der Gipfelstation kannst du ihn bei einem Cappuccino intensiv genießen. Zum Gipfelkreuz sind es nur ein paar Schritte hinauf, kurz darunter liegt der Panorama-Nordwandsteig, von dem aus du über den Grünten bis weit ins Allgäuer Unterland blickst. Wandern kannst du von hier aus natürlich auch. Im Winter liegt am Nebelhorn ein schneesicheres Skigebiet mit der längsten Talabfahrt Deutschlands (7,5 km). *Berg- und Talfahrt 37 Euro | ok-bergbahnen.com*

AUDI ARENA ⭐

Nichts für Leute mit Höhenangst, für alle anderen sehr beeindruckend: Die Arena am Schattenberg ist eines der schönsten Skisprungstadien der Welt – die Aussicht von der Panoramaplattform über dem Schanzentisch ist umwerfend. Mit etwas Glück kannst du bei deinem Besuch sogar Skispringer

gen nicht die erste Wahl – dafür schlägt das touristische Herz des Allgäus zu kräftig.

SIGHTSEEING

HEIMATMUSEUM ☔

Das ist DAS Regenwetter-Ausflugsziel in Oberstdorf und echt alt: In einem 400 Jahre alten Bergbauernhaus siehst du, wie die Oberstdorfer früher lebten. Besonders interessant sind die alten Fotos und sonstigen Ausstellungsstücke zu den Anfängen des Tourismus sowie des Berg- und Skisports in Oberstdorf. *Di–Sa 11–17, So nur bei Regenwetter, Führung Di 16 Uhr | 3 Euro | Oststr. 13 | heimatmuseum-oberstdorf.de*

beim Training beobachten, und zwar auch im Sommer. *Tgl. 10–17, im Sommer bis 18 Uhr, Führungen ab 8 Personen 11 Uhr, Anmeldung Tel. 08322 8090360 | 6 Euro, mit Führung 10 Euro | audiarena.de*

einzige original bayerische Biergarten im Allgäu, in den man (im Selbstbedienungsbereich) sogar seine eigene Brotzeit mitbringen darf. *Mi geschl. | Ludwigstr. 13 | Tel. 8322 987380 | das-jagdhaus.de | €€*

ESSEN & TRINKEN

LÖWENWIRTSCHAFT & ESS ATELIER STRAUSS

Sehen und gesehen werden und dazu noch gut essen – die *Löwenwirtschaft (Mo–Mi geschl. | €€)* ist im trendigen Alpin-Lifestyle gehalten und bietet gute Küche im selben Stil. Wenn du Lust auf ein richtig feines Gourmetmenü hast, reservierst du einfach einen Platz im *Ess-Atelier Strauss (Mo–Mi und mittags geschl. | €€€)*, das in einem abgetrennten Raum neben der Löwenwirtschaft liegt und zu Recht stolz einen Michelin-Stern trägt. *Kirchstr. 1 | Tel. 08322 800080 | loewen-strauss.de*

SPEZEREI

Gerhard Kantor hat in den verwinkelten kleinen Räumen einer ehemaligen Apotheke eine Mischung aus Café, Bar und Spezialitätenladen eingerichtet. Besonderen Wert legt der Hausherr auf das Weinangebot, zu dem die leckeren Antipasti und Käseplatten sehr gut passen. *Mo/Di geschl. | Freiherr-von-Brutscher-Str. 1 | spezerei-oberstdorf.de | €*

DAS JAGDHAUS

In den holzgetäfelten Stuben werden sehr gute Wildgerichte serviert. Im Sommer sitzt es sich draußen im Biergarten bestens – noch dazu ist es der

SPORT & SPASS

Die Umgebung ist mit einem 200 km langen Wegenetz sowie unzähligen Berghütten und Klettersteigen ein Traumgebiet für Wanderer, Spaziergänger und Bergsteiger. Ein besonderer Spaß ist die Wanderung zum *Gasthof Oytal (im Sommer tgl. | Oytal 1 | Tel. 08322 80381 | berggasthof-oberstdorf.de | €€)* – denn zurück geht's mit dem *Bergroller (Ausgabe ab 15 Uhr | 7 Euro)*. Baden kannst du im Sommer in den beiden Moorfreibädern in Reichenbach und Oberstdorf sowie in der Badeanstalt am Freibergsee.

KLETTERN

Ein Leckerbissen für Kletterfans ist der Hindelanger Klettersteig, der vom Nebelhorngipfel aus auf den Großen Daumen führt. Das ist eine anspruchsvolle Tour für Könner, für Anfänger gibt es einen früheren Ausstieg. Der Heilbronner Weg ist der höchstgelegene hochalpine Weg Deutschlands. Er verläuft über den Allgäuer Hauptkamm durchgehend auf mehr als 2400 m Höhe und hat an mehreren Stellen Klettersteigcharakter. Belohnt wird man mit außergewöhnlichen Naturerlebnissen und Gipfelblicken. Geeignet nur für erfahrene, trittsichere und schwindelfreie Bergsteiger mit guter Kondition. Inklusive Auf- und Abstieg dauert die Tour zwei bis drei Tage. Sehr beliebt in der Freeclimber-szene ist die Höllhörner-Überschreitung IV, ein Klassiker für Kletterer ab Oytal.

RUND UM OBERSTDORF

14 BREITACHKLAMM ⭐ 🏕

8 km von Oberstdorf zum Parkplatz / 15 Min. (Auto)

Von Tiefenbach aus wirkt die Breitach ganz harmlos. Wie sehr dieser Eindruck täuscht, zeigt die Wanderung durch die enge Klamm, die das Flüsschen mit Macht in den Fels gefräst hat. Auf gut befestigten Wegen und Stegen spazierst du über dem gurgelnden Wasser durch die tiefste Felsenschlucht Mitteleuropas – ein spektakulär schönes Erlebnis! Wegen der tosenden Wassermassen besonders beeindruckend (und weniger voll) ist die Klammwanderung bei Regen. Schau zur Sicherheit auf der Webseit nach, ob sie geöffnet ist. *Tgl. 9–16, Sommer bis 17 Uhr, zur Zeit der Schneeschmelze geschlossen | 4,50 Euro | breitach klamm.com | ca. ½ Stunde für die einfache Durchquerung der Klamm (Ausdehnung zur Rundwanderung möglich), zur Hochsaison kann es zu Wartezeiten an der Kasse kommen | ☐ G10*

15 SÖLLERECK 🎭

7 km von Oberstdorf / 18 Min. (Auto)

Für Familien ist das Söllereck das ganze Jahr über ein richtiger Spaßberg: Im Winter liegt hier ein familienfreundliches Skigebiet. Im Sommer können sie die kleine Sommerrodelbahn an der Talstation der Söllereckbahn nutzen und dann auf den Berg hinaufwandern oder -fahren. An der Bergstation gibt es einen tollen neuen Abenteuerspielplatz mit Kletterwand und Röhrenrutsche. Nur ein paar Meter weiter liegt der Kletterwald Söllereck, der höchstgelegene Kletterwald Deutschlands. Damit der Abstieg für Kinder nicht zu langweilig ist, führt zudem eine riesige Holzkugelbahn den Berg hinunter. Wer alle Aktivitäten mitnehmen will, sollte zwei Tage fürs Söllereck einplanen. *Berg- und Talfahrt 18 Euro | ok-bergbahnen.com | ☐ G10*

16 KLEINWALSERTAL

10 km von Oberstdorf bis Riezlern / 20 Min. (Auto) oder mit Walserbus

Ein geografisches Kuriosum: Das Kleinwalsertal mit den Orten Riezlern, Hirschegg, Mittelberg und Baad gehört zu Österreich, aber die einzige Straße dorthin kommt aus Deutschland, nämlich von Oberstdorf. Die österreichische Enklave ist ein Lieblingsziel für Bergwanderer und Wintersportler. Bergbahnen *(ok-berg bahnen.com)* erschließen die Wege und Pisten an der Kanzelwand (2059 m), dem Hohen Ifen (2230 m) und dem Walmendingerhorn (1993 m). Ein 185 km langes Wegenetz lädt ein zu Wander-, Berg- und Hüttentouren aller Schwierigkeitsgrade. Für Einsteiger unter den Kletterfans eignet sich der Walsersteig an der Kanzelwand, der Mindelheimer und der Zwei-Länder-Klettersteig sind et-

Und tief unten tost der Fluss: Brücke in der Breitachklamm

was für Könner. Erfahrene Bergwanderer sollten sich die riesige und botanisch höchst interessante Karstlandschaft Gottesackerplateau am Hohen Ifen vornehmen. Wenn du abends mal Lust auf ein Ausgehziel mit Spiel und Spaß hast, ist das *Casino (kleinwalsertal.casinos.at)* in Riezlern mit Restaurant und Disco die richtige Adresse für dich. *F–G 10–11*

17 HEINI-KLOPFER-SCHANZE

8 km von Oberstdorf / 15 Min. (Auto)
Die legendäre Skiflugschanze liegt im Stillachtal in der Nähe des Freibergsees. Sie ist eine der größten Skiflugschanzen weltweit, wurde bereits 1949 erbaut und seitdem mehrfach modernisiert (zuletzt 2016). Virtueller Höhenflug: Direkt auf der Schanze wird ein VR-Skiflug angeboten – Herzklop-

INSIDER-TIPP
Wer wagt, der springt

fen und feuchte Hände inklusive! (Termine auf der Webseite). *Tgl. 9.30–17.30 Uhr, im Winter bis 16.30 Uhr | Führung Do 14 Uhr, 1,5 Std., Anmeldung unter Tel. 08322 7 00 52 04 | 12 Euro, Führung zusätzlich 5 Euro | skiflugschanze-oberstdorf.de | H10*

18 FELLHORNBAHN

10 km von Oberstdorf / 15 Min. (Auto)
Das Fellhorn (2038 m) ist zwar als Berg nicht besonders schön, zeigt im Sommer aber eine ungewöhnlich üppige Vegetation. Ein prachtvolles Blütenmeer wogt hier Anfang Juli, wenn die Alpenrosen blühen. Die Fellhornbahn kann auch kombiniert mit der Kanzelwandbahn aus dem Kleinwalsertal genutzt werden und erschließt damit ein grenzüberschreitendes Wandergebiet. *Berg- und Talfahrt 29 Euro | ok-bergbahnen.com | G10*

INSIDER-TIPP
Pretty in pink

WESTALLGÄU

SANFT UND SCHÖN

Die hügelige, seenreiche Wiesen- und Waldlandschaft des Westallgäus mit ihren typischen geschindelten Häusern und geschäftigen kleinen Städtchen erfüllt mühelos die Idealvorstellung einer Urlaubsregion.

Sie ist wie geschaffen für aktive Familien, Wanderer und Radfahrer, wer kulinarische und kulturelle Erlebnisse sucht, kommt ebenfalls nicht zu kurz. Die Oberschwäbische Barockstraße führt durch das Gebiet und entlang der *Allgäuer Käsestraße (allgäuer-käsestrasse.de)*

Im barocken Treppenhaus des Residenzschlosses Bad Wurzach

lässt es sich prima radeln und schlemmen. Noch dazu ist das West-allgäu eine der sonnenreichsten Gegenden Deutschlands. Die vie-len Moorseen mit ihrem weichen Wasser erwärmen sich im Sommer schnell und bieten sich für herrliche Badetage an. An der Grenze zum Oberallgäu liegt die Adelegg, ein bewaldeter Höhenzug vor den Alpen, der wegen seiner vielfältigen Flora und Fauna zum Na-turschutzgebiet erklärt wurde. Hier zeigt sich das Westallgäu von seiner wilden Seite.

WESTALLGÄU

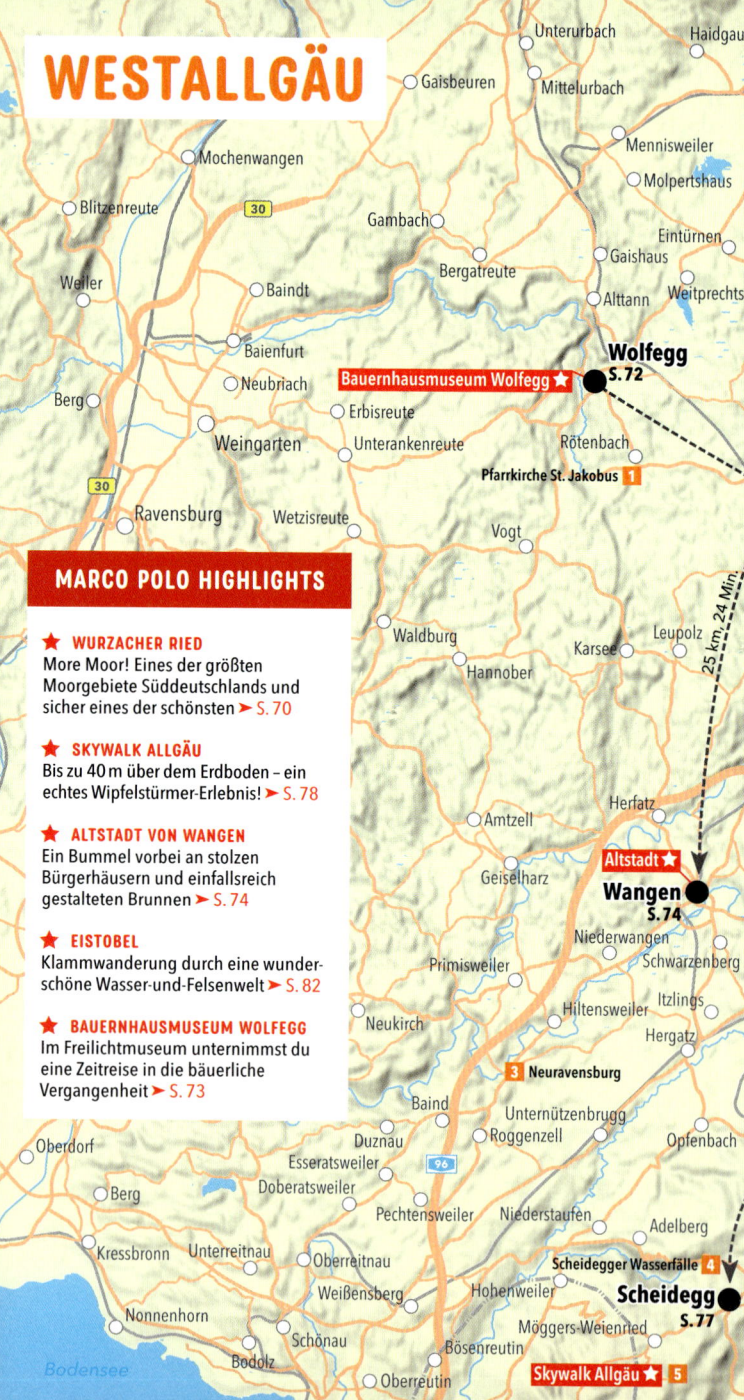

Unterurbach
Haidgau
Gaisbeuren
Mittelurbach
Mennisweiler
Mochenwangen
Molpertshaus
Blitzenreute
Gambach
Eintürnen
Bergatreute
Gaishaus
Weiler
Baindt
Weitprechts
Alttann
Baienfurt
Wolfegg
S. 72
Neubriach
Bauernhausmuseum Wolfegg ★
Berg
Erbisreute
Weingarten
Unterankenreute
Rötenbach
Pfarrkirche St. Jakobus 1
Ravensburg
Wetzisreute
Vogt

MARCO POLO HIGHLIGHTS

★ **WURZACHER RIED**
More Moor! Eines der größten
Moorgebiete Süddeutschlands und
sicher eines der schönsten ➤ S. 70

★ **SKYWALK ALLGÄU**
Bis zu 40 m über dem Erdboden – ein
echtes Wipfelstürmer-Erlebnis! ➤ S. 78

★ **ALTSTADT VON WANGEN**
Ein Bummel vorbei an stolzen
Bürgerhäusern und einfallsreich
gestalteten Brunnen ➤ S. 74

★ **EISTOBEL**
Klammwanderung durch eine wunder-
schöne Wasser-und-Felsenwelt ➤ S. 82

★ **BAUERNHAUSMUSEUM WOLFEGG**
Im Freilichtmuseum unternimmst du
eine Zeitreise in die bäuerliche
Vergangenheit ➤ S. 73

Waldburg
Karsee
Leupolz
Hannober
25 km, 24 Min.
Herfatz
Amtzell
Altstadt ★
Geiselharz
Wangen
S. 74
Niederwangen
Schwarzenberg
Primisweiler
Hiltensweiler
Itzlings
Hergatz
Neukirch
3 Neuravensburg
Baind
Unternützenbrugg
Oberdorf
Duznau
Roggenzell
Opfenbach
Berg
Esseratsweiler
96
Doberatsweiler
Kressbronn
Unterreitnau
Pechtensweiler
Niederstaufen
Adelberg
Oberreitnau
Scheidegger Wasserfälle 4
Weißensberg
Hohenweiler
Scheidegg
S. 77
Nonnenhorn
Möggers-Weienried
Schönau
Bösenreutin
Bodolz
Oberreutin
Skywalk Allgäu ★ 5
Bodensee

Bad Wurzach
S. 70

Wurzacher Ried ⭐

Neuwelt

Lautrach

Seibranz

Aichstetten

Gospoldshofen

Ottmannshofen

Unterzeil

Legau

Arnach

Reichenhofen

Niederhofen

Wielazhofen

Oberlandholz

Diepoldshofen

96

Ausnang

Willerazhofen

12 Leutkirch

Adrazhofen

🚗

Tautenhofen

Wuchzenhofen

Muthmannshofen

Gebrazhofen

Bettelhofen

Herlazhofen

2 Kisslegg

Engerazhofen

Aqua Mundo **11**

Frauenzell

Zaisenhofen

Hinznang

Winterstetten

Waltershofen

Engelboldshofen

Friesenhofen

32 km, 35 Min.

Uttenhofen

🚗

Beuren

Glasmacherdorf Schmidsfelden **10**

🚗

Gottrazhofen

Rohrdorf

Kreuzthal

Ratzenried

Christazhofen

Siggen

Neutrauchburg

Kleinhaslach

Badsee Beuren **9**

● **Isny**
S. 80

Kleinholzleute

Eisenharz

Großholzleute

Wengen

Egg

Nellenbruck

Bolsternang

Eglofs

Hofen

Argen

Eglofstal

Brugg

Maierhöfen

Klausenmühle

Gestratz

12

Meckatz

Riedholz

Seltmans

Weitnau

Heimenkirch

Grünenbach

8 Eistobel ⭐

Sibratshofen

Oberhäuser

Schönau

Ebratshofen

Börlas

6 Lindenberg

Ellhofen

Missen-Wilhams

Missen

7 Weiler-Simmerberg

Stiefenhofen

Balzhofen

Oberreute

52 km, 50 Min.

4 km
2.48 mi

BAD WURZACH

D3 **Die ehemalige Residenzstadt an der Oberschwäbischen Barockstraße ist heute ein gemütlicher Kurort samt Thermalbad mit eigener Quelle.**

Auch als Moorheilbad zieht der Ort Gäste an, die etwas für die Gesundheit oder auch nur die Entspannung tun möchten. Das Moor dafür stammt heute aber nicht mehr aus dem Wurzacher Ried, denn das steht unter Naturschutz.

SIGHTSEEING

Die besondere Flora und Fauna des Ried-Naturschutzgebiets kannst du auf Spaziergängen, Wanderungen, Rad- und Nordic-Walking-Touren erkunden. Jeden Freitag ist Stadtführung in Bad Wurzach. *14.30 Uhr, Dauer 2 Std. | Treffpunkt an der Pfarrkirche St. Verena | 3 Euro*

WURZACHER SCHLOSS

Früher war das Schloss gräfliche Residenz, heute wird es als Altenheim und Schule genutzt. Stolz ist man im Städtchen auf das berühmte barocke Treppenhaus: Über der üppig verzierten, elegant geschwungenen Treppe fährt auf dem Deckengemälde der keulenschwingende Herkules in seinem Streitwagen durch Wolken, Elemente und Götterhimmel, dass es eine wahre Pracht ist. *Tgl. 8–18 Uhr | Eintritt frei | Marktstr. 9*

KLOSTER MARIA ROSENGARTEN

Hier wurden 1936 die ersten Moorbäder verabreicht, heute wird das Gebäude von Vereinen genutzt. Wenn du Rokoko magst, solltest du einen Blick in die Hauskapelle werfen – sie ist in ihrer heiteren Zartheit ganz bezaubernd. *Tgl. 10–16 Uhr | Eintritt frei | Rosengarten 1*

MOOR EXTREM 🎭

So werden Geologie und Ökologie zu richtig spannenden Themen: Die Kräfte, die eine Moorlandschaft formen, die Tiere und Pflanzen, die das Wurzacher Ried bewohnen und den Wert von Moorgebieten kannst du in der interaktiven Erlebnisausstellung anschaulich erfahren: mit Stationen zum Zuhören und Ausprobieren, Videopräsentationen und Touchscreens. Für Kinder übernimmt die kleine Moorhexe persönlich die Rolle des Audioguides. Besonders schön ist der Film über das Ried im Wechsel der Jahreszeiten. *Tgl. April–Okt. 10–18, Nov.–März 10–17 Uhr | Erw. 4 Euro, Kinder 2 Euro | Rosengarten 1 | Tel. 07564 30 21 90 | moorextrem.de | ⊙ 1,5 Std.*

OBERSCHWÄBISCHES TORFMUSEUM

Das große, nach der letzten Eiszeit entstandene Moorgebiet ★ *Wurzacher Ried* ist ein reiches Biotop mit mehr als 1500 Tier- und 800 Pflanzenarten, von denen rund ein Viertel selten oder vom Aussterben bedroht ist. Vor allem aber ist es eine wunderschöne, stellenweise bizarre Landschaft, die du, startend am Torfmuseum, über den Lehrpfad „Auf den Spuren der Torfstecher" erkunden kannst (1,5 km). Das kleine Museum liegt in einem ehemaligen Torfwerk und zeichnet den Wurzacher Torfabbau seit 1750 nach. **Vom Museum aus fährt im Sommer eine kleine Torfbahn zu früheren Abbaustellen, die sonst nicht zugänglich sind.** *Museum April–Okt. 2. So und 4. Sa im Monat 13–17 Uhr, Torfbähnle jeweils 13.30, 14.30 und 15.30 Uhr, im Sommer tel. Reservierung empfehlenswert | 2,50 Euro, Kombiticket mit Bahn 5 Euro | Dr.-Harry-Wiegand-Str. 4 | torfbahn.de | ⏱ Torflehrpfad, Museum, Bahnfahrt ca. 2,5 Std.*

NSIDER-TIPP
Mit dem Bähnle ins Ried

ESSEN & TRINKEN

TRUSCHWENDE 4
Für die entspannte Einkehr: Im hübschen Gastgarten wird ein leckeres Vesper serviert, zum Beispiel ein „saurer Käs" oder ein Wurstsalat. Es gibt regionale Küche, unter der Woche auch Mittagsmenüs. Am Wochenende Frühstück auch für Nicht-Hausgäste am Büfett (bitte reservieren!). Kinder mögen den schönen Spielpatz im Garten und E-Bike-Fahrer finden hier eine Ladestation. *Mi geschl. | Truschwende 4, ca. 3 km außerhalb | Tel. 07564 9 37 99 00 | truschwende4.de | €–€€*

SHOPPEN

FINKHOF
Als alternatives Wohn- und Arbeitsprojekt wurde der Finkhof in den 70ern gestartet. Inzwischen hat sich daraus ein erfolgreicher Onlineversand entwickelt. Im Hofladen gibt es Felle, Wolle, selbst gefertigte Naturmode und Kosmetikprodukte. Auch Schafffleisch und -wurst wird vor Ort verkauft. *Mo–Fr*

Schönes Überbleibsel des Torfabbaus: der Riedsee im Wurzacher Ried

Wolfeggs Automuseum: zu Besuch bei fahrbaren Kultobjekten

9–12 und 14–18, Sa 9–13 Uhr | St.-Ul-rich-Str. 1 | Arnach | finkhof.de

WELLNESS

VITALIUM
Kleines Thermalbad mit nostalgi-schem Charme. Massagen und Kuran-wendungen können vor Ort gebucht werden. *Tgl. 10–22 Uhr | Tageskarte 10, mit Saunalandschaft 17 Euro | Karl-Wil-helm-Heck-Str. 8 | vitalium-therme.de*

AUSGEHEN & FEIERN

DER ADLER DIETMANNS
Kulinarik und Kleinkunst: Kabarett (Sept.–Mai) auf der Livebühne und rustikale Gemütlichkeit bei länd-lich-deftigem, aber auch vegetari-schem bzw. veganem Essen. *Di/Mi*

geschl., Mo–Sa mittags geschl. | Och-senhausener Str. 44 | Dietmanns | adler-dietmanns.de | €–€€

WOLFEGG

🏳 *C–D4* **Eigentlich ist Wolfegg nur ein schmuckes Dorf mit gerade mal 3000 Einwohnern. Dank des Schlosses, der kulturell sehr akti-ven Schlossherren sowie der bei-den attraktiven Museen ist es den-noch überregional bekannt.**

Für Klassikfans ist Wolfegg ohnehin eine Adresse, die mit bedeutend grö-ßeren Städten mithalten kann: Jedes Jahr Ende Juni finden hier die *Inter-nationalen Wolfegger Konzerte (kon-zerte-wolfegg.de)* statt, zu denen re-nommierte Orchester und Künstler anreisen. Die Fürstin zu Wald-burg-Wolfegg und Waldsee öffnet da-für sogar den Rittersaal ihres Schlos-ses und bietet Festivalbesuchern exklusive Schlossführungen. Auch die *Ludwigsburger Schlossfestspiele (schlossfestspiele.de)* gastieren jähr-lich in Wolfegg. Freunde der Kammer-musik besuchen die Winterkonzerte und Osterkonzerte in der romani-schen Kirche Alte Pfarr.

SIGHTSEEING

PFARRKIRCHE ST. KATHARINA
Selbst im mit Rokoko-Schmuckstücken verwöhnten Oberschwaben ragt diese Kirche, die direkt am Schloss Wolfegg gelegen ist, heraus: Die Ausstattung ist besonders üppig und qualitätsvoll.

Das riesige Deckengemälde zeigt eine verschwenderisch ausgeschmückte, aber ziemlich profane Szene: nämlich ein Duell zwischen zwei Adeligen im 15. Jh. Hintergrund: Der Sieger hatte gelobt, im Erfolgsfall ein Kloster in Wolfegg zu stiften, was er dann auch tat (das Gebäude des früheren Chorherrenstifts ist auf dem Gemälde auch zu sehen). *Chorherrengasse 5*

AUTOMUSEUM WOLFEGG

Hast du ein Faible für Young- und Oldtimer? Dann wird dir das liebevoll gestaltete Museum gefallen. Vor allem die Autowelt der 60er- bis 80er-Jahre ist gegenwärtig, mit Kultmodellen wie dem Opel Kadett, dem Opel Manta, dem Golf GTI und originalen Campern samt Zubehör. Ein echtes „Back to the Future"-Erlebnis! *April–Mitte Nov. tgl. 10–18 Uhr, Mitte Nov.–März Mi–Fr 13–17, Sa/So 10–17 Uhr | 8,50 Euro | Fritz B. Busch-Weg 1 | auto museum-wolfegg.de |* ⏱ 1 Std.

BAUERNHAUSMUSEUM WOLF-EGG ⭐

Das Freilichtmuseum zeigt 16 alte Bauernhöfe und etliche Nebengebäude (z.B. Bienen-, Back- und Fischerhaus) zwischen Bauerngärten, Weihern und Streuobstwiesen. Die Häuser sind eingerichtet, beim Betreten tauchst du also jedes Mal in eine kleine, vergangene Hauswelt ein. 👫 Kinder lieben vor allem die Hühner, Gänse, Schweine, Ziegen und Kühe, die das Gelände bevölkern. In den Schulferien wird ein Kindererlebnisprogramm angeboten. *Mai–Sept. tgl. 10–18, Mitte März–April und Okt.–Mitte Nov. Di–So 10–17 Uhr | 6 Euro, Familie 13 Euro | Vogter Str. 4 | bauern hausmuseum-wolfegg.de |* ⏱ 2–3 Std.

ESSEN & TRINKEN

MUSEUMSGASTSTÄTTE FISCHER-HAUS

Hier sitzt du idyllisch im Gastgarten am Fischteich (bei Regenwetter ist die Stube auch gemütlich) und genießt gute regionale Küche; die Spezialität des Hauses sind Wildgerichte. *Öffnungszeiten wie das Bauernhausmuseum, Zugang zum Gasthaus auch ohne Museumsbesuch | Fischergasse 29 | Tel. 07527 9 60 37 90 | €*

RUND UM WOLFEGG

1 PFARRKIRCHE ST. JAKOBUS

3 km von Wolfegg / 3 Min. (Auto)

Ein noch ungewöhnlicheres Deckengemälde als St. Katharina in Wolfegg hat diese Kirche im Nachbardorf Rötenbach. Es zeigt u. a. Hitler und Churchill. Weil die auf diesem Freskoteil dargestellte Gruppe als Verdammte und „Feinde des Kreuzes" charakterisiert wurden, gilt das Werk als Zeugnis des passiven Widerstands gegen den Nationalsozialismus. 📖 *C5*

2 KISSLEGG

10 km von Wolfegg / 6 Min. (Bahn), 12 Min. (Auto)

Das Städtchen kann mit zwei Schlössern (eines davon in Privatbesitz) und einer stattlichen Pfarrkirche samt Silberschatz aufwarten. Im spätbarocken *Neuen Schloss (Mitte April–Sept. Di, Do, Fr 14–17, So 13–17 Uhr, öffentliche Führung So 15 Uhr)* kannst du eine erlesene Rokoko-Ausstattung bewundern, außerdem gibt es wechselnde Kunstausstellungen. Der elegante Lüstersaal dient heute auch als Trauzimmer.

Etwas düster geraten, aber sehr prunkvoll ist die *Pfarrkirche St. Gallus und Ulrich*, auch sie ein Rokoko-Schatzkästchen. Von April bis Oktober *(Do 10.30 Uhr | 3 Euro)* wird eine öffentliche Führung angeboten, inklusive der Besichtigung des sonst nicht zugänglichen „Augsburger Silberschatzes".

Regionale Küche und gutes selbst gebrautes Bier gibt es im *Schlosskeller (Mo/Di und mittags geschl. (außer So) | Fürst-Maximilian-Str. 3 | Tel. 07563 9 10 90 | kisslegger-keller braeu.de | €€).* ▱ *D5*

WANGEN

▱ *D6* **„In Wangen bleibt man hangen". Da hat der Volksmund recht, denn die komplett unter Denkmal- und Ensembleschutz stehende Altstadt ist ungewöhnlich schön, geprägt von spätgotischen und barocken Türmen und Gebäuden, Brunnen und Kunstwerken.**

Im entspannten Kleinstadttreiben lässt sich der Tag angenehm verbummeln – und zu entdecken gibt es auch immer wieder etwas.

SIGHTSEEING

ALTSTADT ★

Ein Spaziergang durch die Altstadt lohnt sich wegen des intakten Stadtbildes wie auch wegen der 17 steinernen, gusseisernen und figürlichen Brunnen. Einige von ihnen verkörpern ironische Witzfiguren, etwa der Amtsschimmelbrunnen in der Lindauer Straße. Der Brunnen vor dem Pfaffenturm zeigt „verdruckte" (aufeinandergestapelte) Allgäuer – und spuckt gelegentlich Wasser auf ahnungslose Passanten. Ein geführter „Rundgang durchs Städtle" *(Sa 10.30 Uhr, Mai–Okt auch Mo 14.30 Uhr | 1,5 Std. | 5 Euro)* startet an der Touristinformation. Zusätzlich werden diverse Themenführungen angeboten, etwa eine Brunnenführung oder kulinarische Erlebnisführungen. *wangen.de*

INSIDER-TIPP Hier spuckt es!

MUSEEN ZWISCHEN ESELMÜHLE UND BADSTUBE ☂

In der ehemaligen Eselmühle und entlang der Stadtmauer sind sechs kleine Museen eingerichtet. Die Eselmühle beherbergt das Stadtmuseum, das Käsereimuseum, ein Museum für mechanische Musikinstrumente. Nach einer kurzen Passage über den Wehrgang der Stadtmauer erreichst du das Deutsche Eichendorff- und das Gustav-Freytag-Museum. Von dort geht es weiter zur früheren Badstube *(Lange Gasse 9),* in der Waschzuber und Kupferkessel ein authentisches mittelalterliches Badeambiente vermitteln. Beim Rundgang bekommst

Blickfang in Wangens Altstadt: das Frauentor

du einen guten Eindruck vom Leben in der mittelalterlichen Stadt. *Di–Fr, So 14–17, Sa 11–17 Uhr | 4 Euro | Eselberg 1 | Tel. 07522 91 26 82*

KLOSTERGARTEN
Eine blühende Oase der Ruhe mit Blumen und Bienengesumm, Wasserläufen und Fischteich, Gemüsegarten und Gewächshaus ist der Garten des Franziskanerklosters. *Frei zugänglich | Am Klösterle 1 | franziskaner-wangen.de*

ESSEN & TRINKEN

FIDELISBÄCK ⚑
Weit über die Stadtgrenzen hinaus bekannt ist die Traditionswirtschaft und Bäckerei (seit 1505!) mit großen Holztischen, an denen Bürger, Bauern, Honoratioren und Touristen heiße Seelen, Leberkäs (Wochenverbrauch: 1000 kg!), Laugenhörnle und Brezeln verzehren. Im Sommer ist auch der Biergarten geöffnet. *Mo–Fr 8–22, Sa 8–14 Uhr | Paradiesstr. 3 | Tel. 07522 79 59 31 | fidelisbaeck.de | €*

CAFÉ WALFISCH
Traditionsreiches Café neben dem Fidelisbäck mit gutem, hausgemachtem Kuchen. Im Sommer kleiner Gastgarten für die Kaffeepause zum Durchschnaufen. Das Café verdankt seinen Namen dem barocken Fresco auf der Hauswand, das die biblische Jonasgeschichte zeigt. Sieh genau hin: Als Jonas ins Wasser stürzt, ist er bestrumpft – als der Wal ihn ausspuckt, trägt er Stiefel. Ein echtes Wunder! *Mo geschl. | Paradiesstr. 7 | Tel. 07522 23 63 | cafewalfisch.de | €*

INSIDER-TIPP
Wangener Wal-Wunder

SHOPPEN

Der Wangener *Wochenmarkt (Mi 7–13 Uhr)* ist einer der schönsten im Allgäu. Er geht bis auf das Jahr 1330 zurück und erstreckt sich über einen größeren Teil der Altstadt. Besonders im Sommer herrscht hier ein geradezu mediterranes, lebhaftes Ambiente.

SILBERDISTEL WANGEN

Netter kleiner Laden, in dem du nach Mitbringseln aus der Region stöbern kannst: Keramik, Emaillegeschirr, Taschen, Gefilztes, Seifen, Kräuter, Gewürze, Fruchtaufstriche usw. *Saumarkt 8 | silberdistel-wangen.de*

SPORT & SPASS

FREIBAD STEFANSHÖHE

Das Bad ist wegen seiner großzügigen Anlage mit 26°C warmem Becken, Riesenrutsche, Sprungturm und separatem Kleinkinderbecken (nicht nur) bei Familien beliebt. *Mo–Fr 7–20.30, Sa/So 8.30–20.30 Uhr | 3,50 Euro | Burgelitz 15 | stefanshoehe.de*

AUSGEHEN & FEIERN

Die Kulturszene in Wangen ist bunt: Die Initiative *Weiße Wand e.V. (weisse-wand.info)* bringt immer wieder ungewöhnliche Filme ins *Kino (im Lichtspielhaus Sohler | Lindauer Str. 7)*. Auf der Bühne in der *Häge-Schmiede (Zunfthausgasse 9/1)* finden regelmäßig Kleinkunstveranstaltungen *(Programm und Vorverkauf im Gästeamt)* statt. Im Clublokal *Schwarzer Hasen (Argenauweg 6 | Beutelsau | schwarzer-hasen.de)* spielen jeden Freitag Jazzbands, am letz-

Immer mittwochs gleicht Wangens Altstadt einem riesigen Marktplatz

ten Samstag im Monat steht die Discoparty an.

RUND UM WANGEN

3 NEURAVENSBURG
9 km von Wangen / ca. 10 Min. (Auto)
Im Dorf ist der Rest einer ehemals stattlichen Burg erhalten geblieben. Von der Aussichtsplattform blickst du weit ins Land. Im Juni findet im Burgfried ein großes Mittelalterfest samt Händler- und Handwerkermarkt statt, das Burgspectaculum. Am zweiten Augustwochenende ist Burgfest mit Rockparty am Freitagabend und Kinderprogramm am Samstag. *C7*

SCHEIDEGG

D7 **Auf dem Bergrücken des Pfänders zwischen Bodensee und Hochgebirge gelegen, nennt Scheidegg sich stolz „die Sonnenterrasse des Allgäus".**
Tatsächlich gibt es hier besonders viele Sonnenstunden und zusätzlich einen großartigen Ausblick auf über 100 Gipfel der Allgäuer, Vorarlberger und Schweizer Alpen. Wegen der reinen Luft ist Scheidegg schon lange ein gefragtes Ziel für Gesundheitsferien, zudem hat man sich auf Patienten mit Zöliakie spezialisiert – auch Wirte, Bäcker und Lebensmittelhandel haben Glutenfreies im Angebot.

ESSEN & TRINKEN

GASTHAUS ZUM HIRSCHEN
Der 300 Jahre alte, rot geschindelte Gasthof liegt mitten im Ort. Innen ist er freundlich und modern eingerichtet, auch die Küche ist eine zeitgemäße Interpretation traditioneller Allgäuer Kochkunst. Das hat sich herumgesprochen, deswegen solltest du am Wochenende und in der Sommersaison reservieren. *Mi geschl. | Kirchstr. 1 | Tel. 08381 21 19 | zum hirschenscheidegg.de | €€*

CAFÉ MARGIT UND FEHL
Reizendes Café im zartgrün geschindelten früheren Benefiziatenhaus. Die Kuchen und Torten sind alle hausgemacht und köstlich. *Mi–So 13–18 Uhr | Pfarrweg 2 | Tel. 08381 8 91 61 99 | margitundfehl.de | €*

SPORT & SPASS
Mehrere Themenwanderwege, darunter der Kneipp-Rundwanderweg oder der Ökumenische Kapellenweg führen durch und um Scheidegg herum. Der *9-Loch-Golfplatz (golfpark-allgaeu.de)* ist relativ flach, glänzt dafür aber mit seinem Panoramablick. Zum Indoor-Klettern geht es in die 1000 m^2 Kletterfläche bereithaltende Halle der *Sportalm Scheidegg (sportalm-scheidegg.de)*.
Jede Menge Rad- und Mountainbiketouren verschiedener Schwierigkeitsgrade erschließen die Gegend auf schönen Panoramastrecken (Fahrrad- und E-Bike-Verleih am Ort). Ein Renner für alle, die gerne weniger ange-

strengt unterwegs sein möchten, ist die 38 km lange Tour „Radeln bergab", die tatsächlich fast ausschließlich abwärts führt:

INSIDER-TIPP
Für Genussradler

Vom Scheidegger Hochplateau (806 m) durch das Leiblachtal hinunter zum Bodensee, von dort weiter über den Bodenseeradweg nach Bregenz, mit der Kabinenbahn auf den Pfänder (1064 m ü.NN) und zurück nach Scheidegg.

Im Winter sind mehrere Langlaufloipen eingerichtet, darunter die 50 km lange Superloipe Waldsee-Alpsee. Das Skigebiet Scheidegg/Möggers eignet sich besonders gut für Familien.

ALPENFREIBAD

Dieses besonders hübsche Freibad liegt wie auf einem Balkon vor der Nagelfluhkette. Das Wasser des Naturbades kommt aus einer eigenen Quelle, die Kinderbecken sind beheizt (mit einem ökologischen Energiekonzept). *Tgl. 9–19 Uhr | 3,50 Euro | 1 km nach dem Ortsausgang Richtung Scheffau | Tel. 08381 14 40*

ERLEBNISPONYHOF 🐵

Ein Lieblingsziel für kleine Cowgirls und -boys: Ponyreiten *(ohne Voranmeldung | 7 Euro je 15 Min.),* Streichelzoo, Abenteuerspielplatz, Spielscheune, Trampoline und Grillstellen. *Tgl. 13–18 Uhr | 2 Euro Eintritt, Ponyreiten ab 2,50 Euro | Denzenmühle 3 | erlebnisponyhof.de*

REPTILIENZOO SCHEIDEGG ☂

Echsen, Krokodile, Schildkröten, Schlangen, Spinnen und Skorpione in Terrarien und Außengehegen: ein Zoo mit leichtem Gruselfaktor für Fans exotischer Tiere. *April–Sept. Sa–Do 10–18, Feb./März und Okt./Nov. Sa–Do 10–17 Uhr | 8 Euro, Familie 23 Euro | Gretenmühle 9 | reptilienzoo-scheidegg.com*

RUND UM SCHEIDEGG

4 SCHEIDEGGER WASSERFÄLLE

2 km von Scheidegg / 3 Min. (Auto) via B308

Wasserfälle mal ganz nah: Über 22 bzw. 18 Meter stürzt das Wasser in die Rohrachschlucht, von zwei Aussichtsplattformen aus zu bewundern. Drum herum ist ein parkähnliches Gelände, in dem du spazieren gehen und einen kleineren, dritten Wasserfall entdecken kannst. 🐵 Ein Wasserspielplatz und ein kleiner Streichelzoo machen den Besuch auch für Kinder zum Erlebnis. Wegen der steilen Treppen und rutschigen Wege brauchst du feste Schuhe. *April–Okt. 9–19 Uhr | 2 Euro, Familie 4 Euro | Info unter Tel. 08381 8 95 55 | scheidegg.de | ⬛ D7*

5 SKYWALK ALLGÄU ⭐

4 km von Scheidegg / 10 Min. (Auto)

Für Wipfelstürmer: Ein Walderlebnis der besonderen Art erlebst du in luftiger Höhe – bis zu 40 m hoch! – auf diesem 540 m langen Baumwipfelpfad. Auch geeignet für Rollstuhlfahrer und Eltern mit Kinderwagen, denn für sie geht es per Aufzug nach oben und der Weg ist 1,80 m breit. 🐵 Am

Nicht ganz im Himmel, aber nahe dran geht man auf dem Skywalk

Boden warten Barfußpfad, Geschicklichkeitsparcours, Walderlebnispfad, Abenteuerspielplatz und Streichelzoo. *April–Okt. tgl. 10–18, Nov.–März Do–So 11–17 Uhr | 11 Euro, im Winter 7,50 Euro, Familie 36 bzw. 23 Euro | skywalk-allgaeu.de | ⏱ 3 Std. | ▥ D8*

6 LINDENBERG
4 km von Scheidegg / 10 Min. (Auto)
Das Städtchen war vom 17. Jh. an ein Zentrum der Hutherstellung – um 1890 gab es hier 34 Produzenten – und trug zu Beginn des 20. Jhs. den Beinamen „Klein-Paris der Hutmode". Heute ist wenig Mondänes übrig, aber das *Hutmuseum (Di–So 9.30–17 Uhr | 6 Euro | Museumsplatz 1 | deutsches hutmuseum.de)* in einem alten Fabrikgebäude ist sehr sehenswert. 300 Jahre im Leben der Kopfbedeckung werden mit Bildern, Fotos, Filmen, Kunstinstallationen und jeder Menge

Hüte veranschaulicht. Es gibt sogar sprechende Hüte, die ihre Geschichte erzählen. Am Ortsrand von Lindenberg lässt es sich im *Bad am Waldsee* angenehm entspannen. ☎ Und noch dazu kostet die gepflegte Anlage keinen Eintritt. ▥ D7

7 WEILER-SIMMERBERG
6 km von Scheidegg / 10 Min. (Auto)
Die Gemeinde mit den drei Ortsteilen Weiler, Simmerberg und Ellhofen liegt malerisch verstreut inmitten grüner Hügel. In Weiler gibt es ebenfalls ein schönes und familiengerechtes *Freibad (im Sommer tgl. 9–20 Uhr | 3 Euro).* Falls du Lust auf handfeste Genüsse hast: Schließ dich in der *Postbrauerei Weiler (Führung Juni–Sept. 10 Uhr | 16 Euro | Käsgasse 17 | Weiler-Simmerberg | post-brauerei.de)* einer Führung an – natürlich mit Verkostung und zünftiger Einkehr.

Durchs Stadttor geht's ins Mittelalter: in der Altstadt von Isny

Anmeldung über die Webseite oder die *Touristinformation (weiler-touris mus.de).* 🕮 *D7*

ISNY

🕮 *E–F6* **Die ehemals freie, reiche und nach der Reformation streng evangelische Reichsstadt Isny (720 m, 14 000 Ew.), deren Leinweber Handelskontakte nach halb Europa unterhielten, ist fast intakt erhalten, mit mittelalterlichen Wehranlagen und Stadtmauer, mit vielen Türmen und Patrizierhäusern.**
Neben der Möglichkeit zum gemütlichen Kleinstadtbummel bietet Isny eine interessante Museumslandschaft. In der näheren Umgebung gibt es reichlich Gelegenheit zum Wandern, Baden, Radeln und andere lohnende Ausflugsziele.

SIGHTSEEING

STADTFÜHRUNGEN
Findest du Stadtgeschichte(n) auch so spannend? Aus über 1000 Jahren Isnyer Geschichte gibt es einiges zu erzählen und auch noch manches zu sehen: Historischer Rundgang „Isny erzählt Geschichte" *(Sa 9.30 Uhr, Juli-Sept. auch jeden zweiten Di 19 Uhr, 1,5 Std.),* „Isny erkundet Mittelalter", *(jeden 2. So im Monat 11 Uhr | 5 Euro | Treffpunkt Kurhauseingang),* April–Okt. weitere Themenführungen, z. B. durch das Rathaus mit seinen geheimen Ecken *(jeden ersten Fr im Monat 19 Uhr, 1 Std.)* oder durch das *Wassertor-Museum (jeden dritten Sa im Monat 14 Uhr, 1 Std. | 3 Euro).* Im Untergeschoss des

Wassertor-Turms war früher das Stadt-gefängnis – **die Graffiti an den Wänden erzählen von den Schicksalen der Insassen.** *isny.de*

INSIDER-TIPP
Knast-Storys

PRÄDIKANTENBIBLIOTHEK 🕊

Etwas Leckeres für Bücherwürmer: über der Sakristei der evangelischen Nikolaikirche befindet sich eine kleine, sehr alte Bibliothek mit 1200 Bänden und 2000 Schriften. Darunter sind Kostbarkeiten wie die Pergamenthandschrift eines Messbuchs aus dem 12. Jh. sowie Flugschriften der Reformatoren Martin Luther, Philipp Melanchthon und Ulrich Zwingli. *Führungen Ostern–Reformationstag Mi 10.30 und 1. Sa im Monat 14 Uhr | 3 Euro | Treffpunkt an der Nikolaikirche | Kirchplatz 1*

DETHLEFFS WERKSFÜHRUNG

Falls du immer schon mal sehen wolltest, wie ein Womo gebaut wird: Dethleffs in Isny hat einen der modernsten Fertigungsbetriebe in Europa für Caravans und Wohnmobile. Während der Produktionszeiten werden jeden Donnerstagvormittag kostenlose Werksführungen angeboten (nur auf Voranmeldung). *Arist-Dethleffs-Str. 12 | Tel. 07562 98 70 | dethleffs.de*

SCHLOSS ISNY UND SEINE MUSEEN

Das gut restaurierte barocke Schloss ist für sich schon ein architektonisches Highlight. Im Schlosshof findet übrigens auch der romantische Isnyer Weihnachtsmarkt statt. Unter den Gewölbebögen der früheren Remise werden heute in der *Städtischen Galerie (Fr 14–18, Sa/So 11–18 Uhr | 5 Euro)* wechselnde Ausstellungen zeitgenössischer Kunst gezeigt. In den stilvollen Repräsentationsräumen der *Kunsthalle (Mi–Fr 14–18, Sa/So 11–18 Uhr | 5 Euro | kunsthalle-schloss-isny.de)* im Schloss haben die romantisierend-fantastischen Gemälde und Skulpturen des Künstlers Friedrich Hechelmann ihre Heimat in einer Dauerausstellung gefunden. Besonders hübsch sind seine Illustrationen zu bekannten Kinderbüchern, etwa Nils Holgersson oder Momo. Im Sommer 2020 wird im Schloss Isny zudem das komplett neu konzipierte Stadtmuseum eröffnet. *Schloss 1 | isny.de*

ESSEN & TRINKEN

BÄREN

Traditionslokal und -hotel in einem Haus aus dem Jahr 1599. Die Gaststuben sind modern-alpenländisch eingerichtet, die Küche eine Mischung aus regional und international, die Preise moderat. *Tgl. | Obertorstr. 9 | Tel. 07562 24 20 | baeren-isny.de | €*

WERKHAUS

Kaffee aus frisch gerösteten Bohnen, handgemachte Pralinen aus eigener Herstellung – der Name „Werkhaus" ist berechtigt. Noch dazu kann das kleine Café am Stephanuswerk mit einem ganz besonders freundlichen Ambiente aufwarten; es ist ein integratives Projekt, an dem Menschen mit Behinderung mitwirken. Es gibt auch Frühstück und eine kleine Auswahl an Mittagsgerichten. *Mo–Fr 10–17, Sa 10–13*

(Mai–Sept. bis 16) Uhr | Maierhöfener Str. 56 | Tel. 07562 74 15 40 | €

SHOPPEN

KÄSKÜCHE ISNY ⚑

Ob würziger Adelegger, duftender Isnyer Blütenzauber oder extra lang gereifter Ur-Bergkäse – alle Käsesorten werden aus Bioheumilch hergestellt und schmecken nach mehr. Jeden Freitag um 10.30 Uhr kostenlose Betriebsführung. *Maierhöfener Str. 78 | kaeskueche-isny.de*

AUSGEHEN & FEIERN

PAT MURPHY'S IRISH PUB

In der Fußgängerzone liegt die authentisch irische Kultkneipe, in der zum Guinness, Kilkenny und Strongbow Cider auch warme schwäbische Seelen serviert werden. Lockere Pub-Atmosphäre, manchmal Public Viewing oder Livemusik. *Wassertorstr. 37 | Tel. 07562 34 42 | patmurphys.de*

RUND UM ISNY

🟧8 EISTOBEL ⭐

8 km von Isny / ca. 15 Min. (Auto)

Was für ein Naturschauspiel! Eine bis zu 50 Meter tiefe Schlucht hat die Obere Argen in den Fels gegraben, durch die sie sich über mehrere Wasserfälle in runde Gumpen ergießt. Dazwischen plätschert sie munter dahin, an Kiesbänken vorbei und über flache Stellen – Plätze zum Waten, Steinchenhüpfenlassen und Steinmännchenbauen. Die Wanderung bis zum Ausstieg oder zur Umkehr am Schüttentobel ist so abwechslungsreich, dass Kinder gar keine Zeit zum Quengeln haben (hin und zurück ca. 7 km). Nicht für Kinderwagen und nur mit festem Schuhwerk geeignet! *2,50 Euro, Kinder 1 Euro (Münzen mitnehmen!) | Zugang hinter Isny an der Argentalbrücke zwischen Maierhöfen und Grünenbach | eistobel.de | 🚗 E–F7*

🟧9 BADSEE BEUREN ⚑

10 km von Isny / 17 Min. (Auto, K 8017)

Der schönste Badeplatz im Gemeindegebiet ist dieses flache und warme Naturbad. Du erfrischst dich im weichen Seewasser, hast aber alle Annehmlichkeiten eines Freibads wie Duschen, Umkleiden und Kiosk, Liege- und Sonnenstuhl- sowie Bootsverleih. *naturbad-am-badsee.de | 3 Euro | 🚗 E5*

🟧10 GLASMACHERDORF SCHMIDS-FELDEN

12 km von Isny / 15 Min. (Auto)

150 Jahre lang wurde in der wilden Adelegg Glas hergestellt, bis 1898 die Öfen erloschen. Das Glasmacherdorf stand fast 100 Jahre leer, bis es wiederbelebt wurde. Heute gibt es in Schmidsfelden wieder eine aktive Glashütte mit Shop, eine Glaskünstlerin, ein kleines Glasmuseum mit Herrenhaus, Kapelle, Wohnhütten und Naturschutzstation sowie einer kleinen Gastronomie. Regelmäßig wird eine Glas-

INSIDER-TIPP
Glasmachen live erleben

==machershow geboten== (Termine auf der Webseite). *Ostern–Nov. Di-Fr 10–12.30 und 14–17, Sa 14–17, So 10–17 Uhr | Museum und Glasmachervorführung 6,50 Euro | Schmidsfelden 9 | schmidsfelden.net |* 📖 *F5*

11 AQUA MUNDO 🎭
14 km von Isny / 16 Min. (Auto)
Zwischen Isny und Leutkirch liegt eine Center Parcs-Anlage, zu der das tropische Erlebnisbad gehört. Es ist auch für Tagesgäste offen und ein echtes Kinder-Highlight mit seinen fünf Rutschen, einer Wildwasserbahn, einem Wellenbad, Kletter- und Schnorchelbecken und einer Wasserspielwelt. Für einen Tagesausflug bieten sich die zusätzlichen Attraktionen im Park an wie Kinderbauernhof, Hochseilgarten, Minigolf. *Tgl. 11–21 Uhr | Tageskarte*

Erw. 35 Euro, Familie 72 Euro | Allgäuallee 40 | short.travel/all16 | 📖 *F5*

12 LEUTKIRCH
17 km von Isny / 19 Min. (Auto)
Leutkirch ist so unprätentiös wie sein Name: ein Ort zwischen Dörfern, dessen Kirche für alle Leute rundum gut erreichbar war. In der kleinen Altstadt hat sich eine bunte Gastronomieszene angesiedelt. Das *Freibad Stadtweiher (Mai–Sept. | 3,50 Euro | Kemptener Str. 6 | leutkirch.de/freibad)* ist eines der schönsten im ganzen Allgäu, eine großzügige Anlage mit altem Baumbestand, Spielplatz sowie Kiosk mit Sonnenterrasse. Die größeren Kids nutzen die Sprungtürme in den Stadtweiher, in dem Schwimmer dennoch in aller Ruhe ihre Bahnen ziehen können. 📖 *E5*

Gumpen und Strudellöcher hat die Obere Argen im Eistobel geschaffen

UNTERALLGÄU

RUHE, KULTUR UND WELLNESS

Die fruchtbare Landschaft des Unterallgäus ist relativ flach und weniger von Wiesen als vom Ackerbau geprägt. Und von den stolzen Städten:

Im Süden dominierte jahrhundertelang die Reichsabtei Ottobeuren, die ihr Ansehen durch prächtige Bauten und Kunstschätze mehrte. Das reiche Memmingen war ein wichtiges Zentrum der Reformation; das bürgerliche Selbstbewusstsein zeigt sich noch heute in den Patrizierhäusern der Altstadt. Das kleinere Mindelheim mit seiner

Die Therme von Bad Wörishofen

hübschen Altstadt blickt stolz auf seine wechselvolle Geschichte und ist heute ein prosperierender Standort für zahlreiche Unternehmen. Das heutige Bad Wörishofen dagegen war ein einfaches Dorf, bevor Sebastian Kneipp sich dort niederließ und mit seiner Lehre die Gesundheitstouristen in Scharen anzog. Die Region profiliert sich mit sanftem Gesundheitstourismus und reichem kulturellem Angebot. Immerhin wurde das „Kneippen" in das bundesweite Verzeichnis des immateriellen Unesco-Kulturerbes aufgenommen.

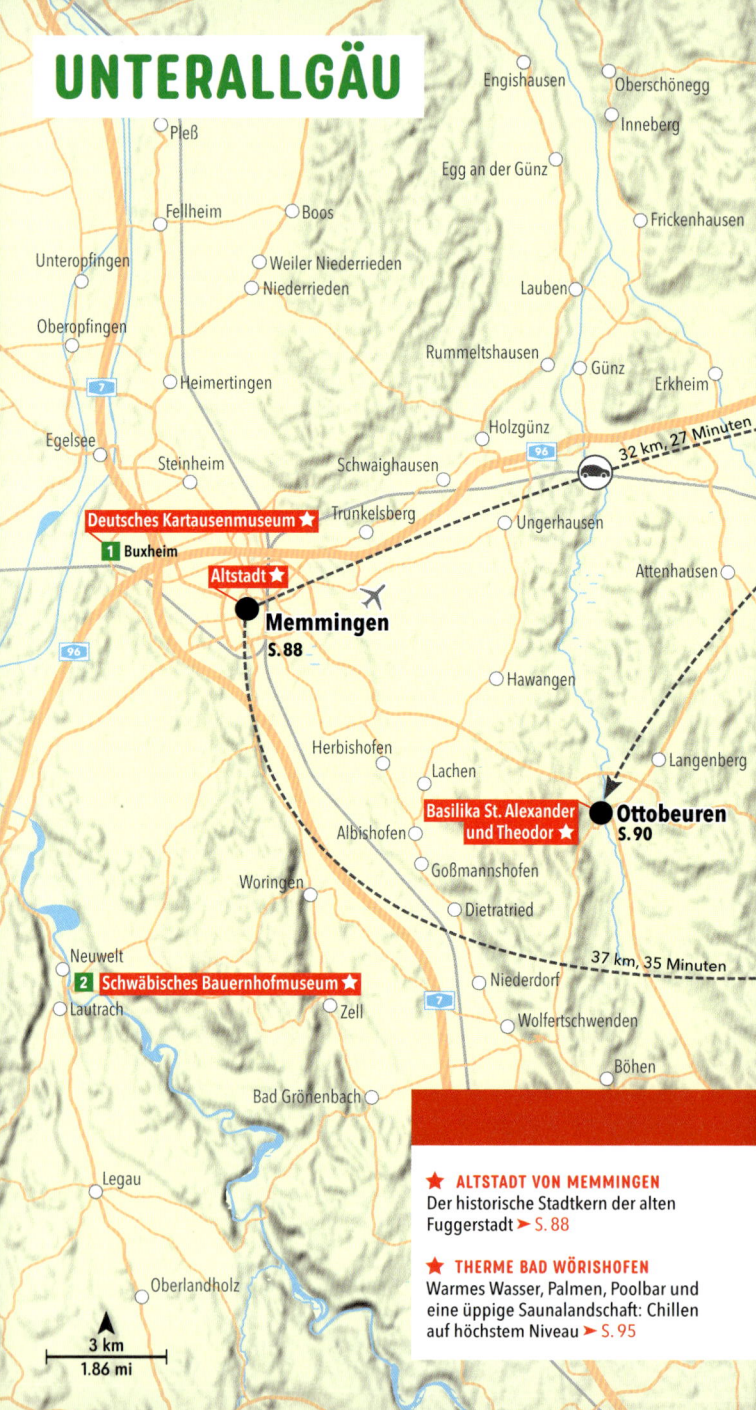

UNTERALLGÄU

Pleß

Engishausen
Oberschönegg
Inneberg

Fellheim
Boos

Unteropfingen
Weiler Niederrieden
Egg an der Günz
Frickenhausen
Niederrieden

Lauben

Oberopfingen
Rummeltshausen
Günz
Erkheim

Heimertingen
Holzgünz

Egelsee
Steinheim
Schwaighausen
32 km, 27 Minuten

Deutsches Kartausenmuseum ★
Trunkelsberg
Ungerhausen

1 Buxheim

Altstadt ★
Attenhausen

Memmingen
S. 88

Hawangen

Herbishofen
Lachen
Langenberg

Basilika St. Alexander und Theodor ★
Albishofen
Ottobeuren
S. 90

Woringen
Goßmannshofen

Dietratried

Neuwelt
37 km, 35 Minuten

2 **Schwäbisches Bauernhofmuseum ★**
Niederdorf

Lautrach
Zell
Wolfertschwenden

Böhen

Bad Grönenbach

Legau

★ **ALTSTADT VON MEMMINGEN**
Der historische Stadtkern der alten
Fuggerstadt ➤ S. 88

Oberlandholz

★ **THERME BAD WÖRISHOFEN**
Warmes Wasser, Palmen, Poolbar und
eine üppige Saunalandschaft: Chillen
auf höchstem Niveau ➤ S. 95

▲
3 km
1.86 mi

Bedernau
Unterrieden
Hausen
Tussenhausen
Oberrieden
Mattsies
Unterkammlach
Oberkammlach
Mindelheim
S. 92
Skyline-Park ★ 📍
96
Kirchdorf
23 km, 30 Minuten
Stetten
Apfeltrach
Mindelau
Dorschhausen
Therme Bad Wörishofen ★
Bad Wörishofen
S. 94
Erisried
Dirlewang
Saulengrain
Helchenried
Mussenhausen
Eutenhausen
Lauchdorf
Gottenau
Katzbrui-Mühle 3
Lannenberg
Unteregg
Warmisried
Buchenbrunn
Oberegg
Baisweil
Ingenried
Markt Rettenbach
Engetried
Pforzen
Bayersried
Eggenthal
Irsee
Ronsberg
Blocktach

Das Großzunfthaus am Marktplatz in Memmingen

MEMMINGEN

🏛 *G2–3* **Die alte Fugger- und Patri-
zierstadt hat ihren historischen
Stadtkern und ihren mittelalterlichen Charme bewahrt.**

Heute ist Memmingen eine lebendige
Einkaufsstadt mit vielen Restaurants
und Cafés. Feste, Märkte und eine aktive Kulturszene sorgen für Abwechs-
lung. Es werden zahlreiche Stadtfüh-
rungen *(short.travel/all21)* angeboten,
darunter auch Themenführungen wie
„Desperate Housewives im 17. Jh."
oder eine Gruselführung mit dem
Nachtwächter.

SIGHTSEEING

ALTSTADT ⭐

Beginne deinen Bummel am besten
am Marktplatz (Markt ist samstagvor-
mittags): Das 1589 erbaute Rathaus
wirkt mit seinem geschweiften Giebel
sehr elegant. Einen Gegenpol bietet
nebenan die breite Fassade des Steu-
erhauses mit seinen italienischen Ar-
kaden und der üppigen Neuroko-
ko-Bemalung. Heute beherbergt es
ein Café. Nach Osten zweigt die Kalch-
straße ab, in der früher das ☎*Hei-
lig-Geist-Kloster (Eintritt frei)* lag. Der
ehemalige Kirchenraum lohnt wegen
seiner üppigen Barockstuckdecke als
„Kreuzherrensaal" einen Besuch. Vom
Marktplatz nach Norden geht es zum
☎ *Parishaus (Mi–So 14–17 Uhr | Ein-
tritt frei | Ulmer Str. 9),* einem original
erhaltenen Rokoko-Stadthaus mit
Stuckdecken und Intarsien. Zurück am
Marktplatz folgst du nun der Zang-
meisterstraße nach Westen. Die evangelische Kirche St. Martin beherbergt
ein ungewöhnlich schönes, gotisches
Chorgestühl mit ausdrucksstarken Figuren. Weiter geht es zum Gerber-
platz mit dem markanten Siebendä-

cherhaus. Es heißt so wegen seines hohen Giebels mit Dachluken, in denen früher Leder getrocknet wurde.

MUSEEN IM ANTONIERHAUS 🐾

Im Antonierhaus aus dem 15. Jh. tauchst du tief ins Mittelalter ein: Das Antonitermuseum erinnert an das frühere Spezialkrankenhaus für Patienten, die am „Antoniusfeuer" (einer Vergiftung durch einen Getreidepilz) erkrankt waren. Im Strigelmuseum sind Meisterwerke spätgotischer Malerei und Bildhauerei der Memminger Künstlerfamilie Strigel zu sehen. *Di–So 11–17 Uhr | Eintritt frei | Martin-Luther-Platz 1 | ⏱ 45 Min.*

MEWO-KUNSTHALLE 🐾

Zeitgenössische Kunst aus dem 20. und 21. Jh. im Gründerzeitbau des königlichen Postgebäudes. Laufend Sonderausstellungen und Events. *Di–So 11–17 Uhr | Eintritt frei | Bahnhofstr. 1*

ESSEN & TRINKEN

KLÖSTERLE

Regionale Küche von einem kreativen Koch. Zentral gelegen, mit schöner Dachterrasse. *So/Mo und außer Sa mittags geschl. | Im Klösterle 1 | Tel. 08331 49 76 00 | kloesterle-memmingen.de | €€*

CAFÉ MARTIN

Traditionsreiches Café mit sehr guter eigener Konditorei und Confiserie, üppiger Frühstückskarte und kleinen Mittagsgerichten. Unbedingt probieren: die so hüb-

INSIDER-TIPP
Das Auge isst mit

schen wie köstlichen Petit Fours. *So/Mo geschl. | Am Rossmarkt 3–5 | cafe-martin.de | €*

MORITZ

Beliebtes Lokal im Lounge-Stil, für das Frühstück (am Samstag), den schnellen Mittagstisch, den Snack zwischendurch, den After-Work-Drink oder fürs Abendessen. *Tgl. | Weinmarkt 6–8 | Tel. 08331 9 29 92 24 | moritz-memmingen.de | €*

AUSGEHEN & FEIERN

LANDESTHEATER SCHWABEN

Packende Stücke und zeitgemäße Inszenierungen in einem sympathisch nostalgischen Theater. *Theaterplatz 2 | Tel. 08331 94 59 16 | landestheater-schwaben.de*

KAMINWERK

Quicklebendiges Kulturzentrum in einer ehemaligen Kaminfabrik mit einem bunten Programm: Konzerte von Blues bis Metal, Disco, Programmkino, Kabarett, Public Viewing – hier ist immer was los. *Anschützstr. 1 | Tel. 08331 99 11 99 | kaminwerk.de*

RUND UM MEMMINGEN

① BUXHEIM

3 km von Memmingen / 10 Min. (Auto)

Wenn du dich für barocke Kunst und spannende Geschichte(n) interessierst, solltest du dir das ★ *Deutsche Kartausenmuseum (April–Okt. tgl. 10–17 Uhr, Nov.–März nur mit gebuchter Führung | Tel. 08331 6 18 04 | 5 Euro, mit Führung 7 Euro | kartause-bux heim.de)* ansehen. In der ehemaligen Reichskartause sind der Kreuzgang, die Mönchszellen, die Kartausenkirche und die bezaubernde Annakapelle (Rokoko) bewundern. Am interessantesten ist der Besuch mit Führung (So 14 Uhr). Auch in die spätbarocke Kirche St. Peter und Paul in Buxheim solltest du einen Blick werfen.

An den 👪 Buxheimer Weihern, den ehemaligen Fischweihern des Klosters, können sich Kinder austoben. Mit Badestrand, Minigolf und Walderlebnispfad. Bootsverleih und Biergarten im Restaurant-Café *Seegarten (Mi/Do geschl. | Am Weiherhaus 11 | Tel. 08331 7 25 22 | seegarten.de | €)*. 🗺 F2

2 SCHWÄBISCHES BAUERNHOF-MUSEUM ★

12 km von Memmingen / 18 Min. (Auto)

Ein idealer 👪 Ausflug führt in den Illerwinkel. Das Museum zeigt original erhaltene Bauernhöfe aus vier Jahrhunderten, dazu Nebengebäude wie Back-, Bienen- und Pumphaus, Werkstätten und Ställe. Bauerngärten, Obstbäume und alte Haustierrassen vervollständigen das Bild vom früheren Landleben (Ferienprogramm und Mitmachangebote für Kinder). Auf dem Gelände befindet sich auch eine Hafnerei (Töpferei), die ganz besonders schöne Erzeugnisse herstellt und vor

INSIDER-TIPP
Ideale Mitbringsel

Ort verkauft. In der urigen Stube des *Gromerhofs (Mo geschl. | Museumsstr. 4 | Tel. 08394 5 94 | gromerhof.de | €€)* direkt nebenan gibt es gute schwäbische Küche. *Di–So März und Mitte Okt.–Nov. 10–16, April–Mitte Okt. 9–18 Uhr, jeden 1. So im Monat öffentliche Führung | Erw. 6 Euro, 6–17 Jahre 1 Euro | Museumstr. 8 | Kronburg-Illerbeuren | bauernhofmuseum.de |* 🕐 *4–5 Std* | 🗺 F–G 3–4

OTTOBEUREN

🗺 H3 **Der Luftkurort steht für Kneippen, Wandern und ein hervorragendes Konzertprogramm.**
Vor der mächtigen Klosteranlage im Herzen des Ortes liegt der Marktplatz als Zentrum des bürgerlichen Lebens, dahinter der gepflegte Kneipp-Aktiv-Park mit Wassertretanlage, Lourdes-Grotte und Erlebnisstationen. Im Sommer sind in der Basilika wie auch in der evangelischen Erlöserkirche an Samstagen um 16 Uhr 🎵 Orgelkonzerte mit teilweise namhaften Künstlern zu hören, zu denen der Eintritt frei ist *(Spende erwünscht | Termine und Programm auf short.travel/all11)*.

SIGHTSEEING

BASILIKA ST. ALEXANDER UND THEODOR ★
Die mächtige barocke Basilika wird dich beim Eintreten mit ihrer Größe und Pracht überwältigen. Das war auch die Absicht ihrer Erbauer, die den frommen Besuchern einen Vorge-

Gold, Säulen, Stuck und papierne Schätze in der Abteibibliothek in Ottobeuren

schmack auf den Himmel geben (und die Macht der Kirche zeigen) wollten. Ihren musikalischen Ruhm verdankt sie zwei barocken Chororgeln (1766) und der modernen Marienorgel. Mit einer Führung hast du mehr vom Besuch, denn sie schlüsselt dir die Gestaltung und das Bildprogramm auf. *Tgl. 9 Uhr bis Sonnenuntergang, Führungen April–Okt. Sa 14.15 Uhr |* 🐾 *kostenlos, Spende erwünscht*

ABTEIMUSEUM

Bibliothek, Theater-, Kaisersaal: Die Repräsentationsräume des Reichsabtes in der über 1250 Jahre alten Benediktinerabtei sind barocke Schmuckstücke. *Palmsonntag–Allerheiligen tgl. 10–12 und 14–17 Uhr | 4 Euro | Sebastian-Kneipp-Str. 1 | abtei-ottobeuren. de.* Zur Anlage gehören auch ein *Klosterladen (Di–Sa 9–12.30 und 13.30–*17.30, So/Mo 13.30–17.30 Uhr)* und ein *Klostercafé (tgl. 9–18 Uhr).*

MUSEUM FÜR ZEITGENÖSSISCHE KUNST DIETHER KUNERTH

Nach so viel Barock brauchst du vielleicht diesen Kontrast: Neben den farbkräftigen Werken des 1940 geborenen Ottobeurener Künstlers Diether Kunerth zeigt das moderne Museum wechselnde Sonderausstellungen. *April–Okt. Di–Fr 11–16 Uhr, Sa/So 12–17 Uhr, Nov.–März Do/Fr 11–16, Sa/So 12–17 Uhr | 6 Euro | Marktplatz 14a | mzk-diku.de*

ALLGÄUER VOLKSSTERNWARTE

Für Amateur-Sternegucker: Jeden Freitag um 19.30 Uhr gibt es einen Vortrag, dann wird bei klarem Wetter das Kuppeldach geöffnet und du kannst durch das 60-cm-Teleskop in

den Himmel blicken. Faszinierend!
5 Euro | Wolferts 40 | avso.de

ESSEN & TRINKEN

GASTHOF ZUM MOHREN

Schon länger am Ort als die Basilika, steht der 1573 erbaute Gasthof am Marktplatz. Die gute Küche mit Produkten aus der Region kommt an. *Tgl. | Marktplatz 1 | Tel. 08332 9 21 30 | gasthof-mohren.de | €–€€*

WINDBEUTELPARADIES

Das kleine Café ist bekannt wegen seiner üppigen Windbeutel in vielen Varianten von süß bis herzhaft. Sie sind gar nicht so einfach zu essen, aber köstlich. Der Ratskeller im selben Gebäude eignet sich prima, um abends gemütlich ein Glas Wein oder einen Cocktail zu genießen. *Di–Sa 11–18, So 10–18 Uhr | Marktplatz 16 | Tel. 08332 77 72 | allgaeuer-windbeutel-paradies. de | €*

MINDELHEIM

J2 Im Mittelalter profitierte das Städtchen wirtschaftlich von der Lage an der Salzstraße München–Memmingen. Das ist der Altstadt mit ihren barocken Bürgerhäusern und repräsentativen Toren anzumerken. In der Weihnachtszeit wird Mindelheim zur Krippenstadt; in der Jesuitenkirche wird dann eine Großkrippe aus dem Barock mit 80 lebensgroßen Figuren ausgestellt.

INSIDER-TIPP
Weihnachtszauber

SIGHTSEEING

ALTSTADT

Beim Bummeln und Entdecken umgibt dich historisches Flair: Im Herzen der Altstadt liegt der Marienplatz mit der Mariensäule, gerahmt von adrett herausgeputzten Häusern, Geschäften und Cafés.

Die Katzbrui-Mühle ist ein beliebtes Ausflugsziel bei Mindelheim

SCHWÄBISCHES TURMUHREN-MUSEUM 🦪

Hier erwarten dich Uhren und Geschichten aller Art: handgeschmiedete eiserne Uhrwerke, die früher in Kirchtürmen und Klöstern hingen, die ältesten stammen aus der Mitte des 16. Jhs., eine „Flötenuhr", bei der ein Amselmännchen zur vollen Stunde eine von sechs Melodien zwitschert, daneben Wand- und Taschenuhren. Im Rahmen der Führung erklimmst du auch den Turm der ehemaligen Silvesterkirche und erfährst die unglaubliche Geschichte der Kirchturmuhr, die ihr Erbauer einst vor einem Brand rettete, indem er sie aus dem Turmfenster warf … aber halt, das musst du dir schon selbst anhören. *Mi und letzter So im Monat 14–17 Uhr, nur mit Führung | 2,50 Euro | Hungerbachgasse 9*

MUSEEN IM KOLLEG

Im früheren Jesuitenkolleg befinden sich vier kleine Museen: das Südschwäbische Archäologiemuseum zur Besiedlungsgeschichte der Region, die Carl-Millner-Gemäldegalerie und das Textilmuseum. Wenn du dich für Mode interessierst, werden dich die prächtigen Stoffe und topmodischen Kleider vom 17. bis ins 20. Jh. faszinieren. Das Highlight ist aber das Schwäbische Krippenmuseum mit seinen ungezählten Weihnachtskrippen aller Macharten und Stilrichtungen. Auch das älteste Jesuskind der Welt findest du in diesem Museum, in dem es das ganze Jahr über weihnachtet. *Di–So 10–12 und 14–17 Uhr | jeweils 2,50 Euro | Hermelestr. 4 | mindelheimer-museen.de*

MINDELBURG

Südwestlich der Altstadt liegt auf einem Felssporn die trutzige mittelalterliche Burganlage. Von April bis Oktober kannst du den Burgfried erklimmen und dort die Aussicht genießen. Teile der Burg sind vermietet und nicht zugänglich, dafür gibt es eine *Burggaststätte (Mo/Di geschl.)* mit einem netten kleinen Gastgarten.

ESSEN & TRINKEN

CAFÉ ENGEL

Nettes Café mit gutem hausgemachtem Kuchen. Von Neujahr bis zum Faschingsdienstag gibt es hier die besten Krapfen im Umkreis von 100 km. *Maximilianstr. 8 | €*

INSIDER-TIPP

Im Krapfenhimmel

FESTE

Alle drei Jahre findet mit dem *Frundsbergfest (mindelheim.de)* Ende Juni eines der bedeutendsten historischen Festivals in Süddeutschland statt (2021 wieder) – dann wird zehn Tage lang gefeiert.

RUND UM MINDELHEIM

🟩3 KATZBRUI-MÜHLE

11 km von Mindelheim / 15 Min. (Auto)

Hier erwartet dich bodenständige Regionalküche in einem märchenhaft versteckten Waldtal mit Mühlenteich, Museum und einer ungewöhnlichen Kapelle. Die Getreidemühle aus dem Jahr 1661 ist noch voll funktionsfähig, in der ehemaligen Müllerstube ist heute eine urgemütliche Gaststube. Im Sommer sitzt man auch sehr hübsch draußen. Du solltest Zeit mitbringen, der Service ist manchmal ein bisschen zäh. *Tgl. | 14 Zi. | Köngetried | Tel. 08269 5 75 | katzbruimuehle.de | € | ☐ J3*

BAD WÖRIS-HOFEN

☐ *K2* **Durch das Dominikanerinnen-Kloster und den „Wasserdoktor" Pfarrer Sebastian Kneipp (1821–1897) wurde Wörishofen schon vor über 100 Jahren zum beliebten Kurort und ist es bis heute geblieben.**

Die Hälfte der Einwohner ist älter als 50 Jahre, weil viele Menschen aus nördlichen Ballungsräumen hier ihren Lebensabend verbringen. Entsprechend beschaulich und komfortabel geht es im Kneippheilbad mit Kurpark und Therme zu.

SIGHTSEEING

Stadtführung jeden Montag 14 Uhr, Treffpunkt ist der Steinbrunnen am Kurhaus *(3 Euro | bad-woerishofen.de).*

KURPARK

Wasser, Ernährung, Bewegung, Pflanzenheilkunde und die innere Lebensordnung sind die fünf Elemente der Kneipp'schen Lehre. Mindestens vier davon sind im 16,3 ha großen Kurpark umgesetzt: Der Spaziergang durch die drei Heilkräutergärten, den Duft- und Aromagarten mit seinen 250 Duftpflanzenarten und durch den farbenprächtigen Rosengarten mit 550 Sorten (!) ist ein Genuss für die Sinne. Für innere Ordnung sorgt die Meditation im Hainbuchen-Pavillon. Eine Kneippanlage gibt es natürlich auch. Sehr viel Spaß macht der rund 1,5 km lange Barfußpfad – Handtuch zum Füßeabtrocknen nicht vergessen! *Mai–Sept. Kurparkführungen für Gruppen, im Juni und Juli offene Führungen durch den Rosengarten (Termine auf bad-woerishofen.de | 3 Euro).*

INSIDER-TIPP
Barfuß im Park

SEBASTIAN-KNEIPP-MUSEUM

Im Kloster der Dominikanerinnen informiert das kleine Museum über Leben und Wirken des vielseitigen Pfarrers sowie die Eckpfeiler seiner Lehre. Ein kleines bisschen verstaubt, aber sehr authentisch. *Feb.–Mitte Nov. Di–So 15–18 , Mi auch 10–13 Uhr, im Winter Di–So 15–17 Uhr | 3 Euro | kneipp-museum.de*

ESSEN & TRINKEN

CAPRI

Echt italienisches Lokal in unaufgeregtem Ambiente mit knuspriger, dünner Pizza, guten Muscheln und Fleischgerichten. *Mi geschl. | Bürgermeister-Stöckle-Str. 2 | Tel. 08247 63 88 | €*

AERO-CAFÉ

Kaffee trinken, hausgemachten Kuchen genießen und dabei den kleinen Flugzeugen beim Starten und Landen zusehen. Hier verbringst du besonders an den Wochenenden unterhaltsame Stunden. *Di–So 10–20 Uhr | Bahleweg 12 | Tel. 08247 52 20 | flugplatz-badwoerishofen.de | €*

SPORT & SPASS

Die relativ flache Umgebung ist ideal zum Genusswandern, Nordic Walken und Radfahren. ☞Falls du immer schon mal das Golfen probieren wolltest: Auf dem parkartigen *18-Loch-Golfplatz (golfclub-bad-woerishofen.de)* im Süden der Stadt wird jeden zweiten Sonntag um 14 Uhr ein zweistündiger Schnupperkurs angeboten – und das kostenlos!

SKYLINE-PARK ⭐

Der größte Freizeitpark Bayerns ist ein absolutes Highlight für Familien und Aktive aller Altersklassen: Autoscooter, Streichelzoo, Riesenrad, Wildwasserbahn, 4D-Kino und die wildesten Achterbahnen bringen Spaß und Adrenalinkicks. Du bist mutig? Dann probier doch mal den Sky Dragster, eine Kombination aus Motorrad und Achterbahn, die speziell für den Skyline-Park entwickelt wurde. Oder den High Fly, die mit 33 m Höhe größte Überkopfschaukel Deutschlands. *Mitte März–Anfang Nov. tgl. ab 9.30 Uhr | 29,50 Euro, Kinder bis 149 cm 24 Euro, bis 110 cm frei | Im Hartfeld 1 | skylinepark. de | 🗺 K2*

Skyline-Park: hoch hinauf und tief hinunter mit der Sky-Wheel-Bahn

WELLNESS

THERME UND FAMILIENBAD ☂

Südsee meets Allgäu: Unter einer riesigen Glaskuppel, die sich an warmen Sommertagen öffnet, liegt die 2500 m² große Palmenlandschaft der ⭐ *Therme Bad Wörishofen (Mo–Mi 10–22, Do/Fr 10–23, Sa 9–18, So 9–22 Uhr | Sa 19–24 Uhr textilfrei)*. Der Zutritt in die fluorid- und jodidhaltige Therme und in die vielfältige Sauna- und Dampfbadlandschaft ist für Gäste ab 16 Jahren reserviert (außer am Familientag Sa 9–18 Uhr). Das Sport- und Familienbad *Blue Fun (Mo–Fr 11–20, Sa 18.30–20, So 9–20)* mit Speedrutsche liegt nebenan und ist im Thermeneintritt inklusive. *Stark gestaffelte Preise, Tageskarte Therme inkl. Blue Fun 32 Euro, Sauna zuzüglich 5 Euro | Thermenallee 1 | therme-badwoerishofen.de*

OSTALLGÄU & NEUSCHWAN- STEIN

BERGE, SEEN UND EIN MÄRCHENSCHLOSS

Zu Füßen der Schlösser Neuschwanstein und Hohenschwangau breitet sich eine Hügellandschaft mit vielen Seen und Sehenswürdigkeiten aus. Das Ostallgäu versteht sich daher als „Schlosspark im Allgäu".

Die Ferienregion im Dreieck Nesselwang – Schwangau – Kaufbeuren wirkt wegen der breiten Täler großzügiger und heiterer als das Oberallgäu. Der Blick verliert die Berge praktisch nie. Wer den Schwerpunkt auf Outdoorspaß legt, wird sich besonders in Pfronten und

Am Forggensee bei Füssen

Nesselwang wohlfühlen. Auch wer sich für Ritter- und Mittelalter-
spektakel, Burgen und Geschichte begeistert, findet im Ostallgäu
reichlich Sehens- und Erlebenswertes. Kreisstadt des Ostallgäus ist
das vergleichsweise unscheinbare Marktoberdorf, mit ihren Altstädten glänzen Kaufbeuren und Füssen. Und natürlich gehört zu jedem
Allgäu-Besuch ein Abstecher nach Hohenschwangau, dessen Lage
so schön ist, dass gleich zwei bayerische Könige sich hier ihren Mär-
chenschlosstraum verwirklichten.

OSTALLGÄU & NEUSCHWANSTEIN

1 Irsee

Kaufbeuren S. 100
Altstadt ★

Untrasried
Rohr
Immenthal
Günzach
Albrechts

Apfeltrang
Hiemenhofen
Biessenhofen
Aitrang
Ruderatshofen
Altdorf
Immenhofen

Kraftisried

12

Marktoberdorf **2**

Unterthingau
Geisenried

Oberthingau
Kohlhunden
Leuterschach
Ronried

Wildpoldsried

32 km, 40 Minuten

Betzigau
Wald
Balteratsried

Görisried

Lengenwang

7

Bodelsberg
Weitlach

Oberzollhaus
Unterschwarzenberg
Rückholz
Seeg
Ried

Rottach
speicher
Kressen

22 km, 25 Minuten

Petersthal
Faistenoy
Gschwend
7

Nesselwang S. 103
Hopferau

Grüntensee
Eisenberg **5**

Wertach
Kappel
Weißbach
Zell
Kreuzegg

DEUTSCHLAND

Jungholz
4 Vilstalsäge
Pfronten S. 105
Weißensee

Öisch
Alatsee **6**

ÖSTER-REICH
Unterjoch
Vils

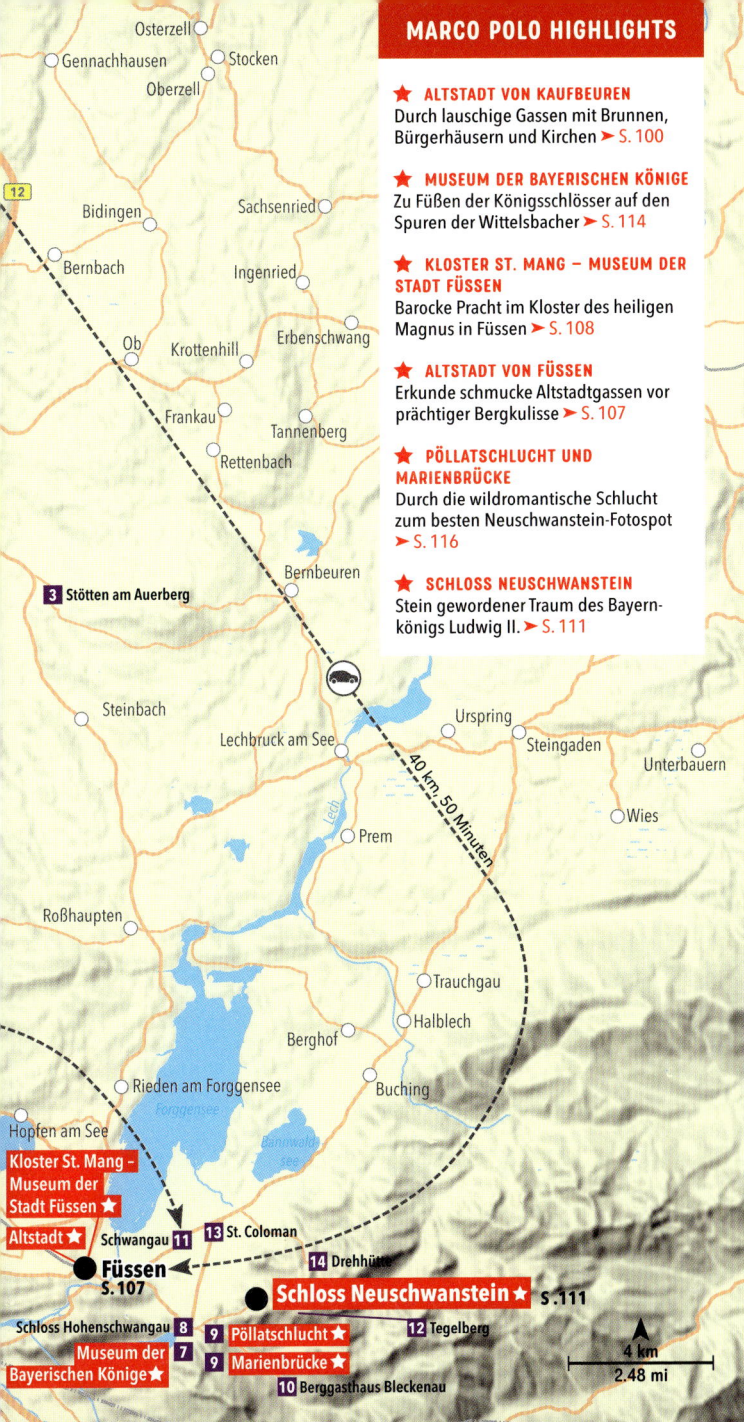

MARCO POLO HIGHLIGHTS

★ **ALTSTADT VON KAUFBEUREN**
Durch lauschige Gassen mit Brunnen,
Bürgerhäusern und Kirchen ➤ S. 100

★ **MUSEUM DER BAYERISCHEN KÖNIGE**
Zu Füßen der Königsschlösser auf den
Spuren der Wittelsbacher ➤ S. 114

★ **KLOSTER ST. MANG – MUSEUM DER
STADT FÜSSEN**
Barocke Pracht im Kloster des heiligen
Magnus in Füssen ➤ S. 108

★ **ALTSTADT VON FÜSSEN**
Erkunde schmucke Altstadtgassen vor
prächtiger Bergkulisse ➤ S. 107

★ **PÖLLATSCHLUCHT UND
MARIENBRÜCKE**
Durch die wildromantische Schlucht
zum besten Neuschwanstein-Fotospot
➤ S. 116

★ **SCHLOSS NEUSCHWANSTEIN**
Stein gewordener Traum des Bayern-
königs Ludwig II. ➤ S. 111

KAUFBEUREN

📖 *K–L4* **Stolze Bürgerhäuser und Wehrtürme flankieren deinen Rundgang durch die gut restaurierte mittelalterliche Altstadt Kaufbeurens.**

An sich eine eher beschauliche Stadt, erwacht sie jedes Jahr im Juli zum Tänzelfest zu enormer Lebenslust. Der Stadtteil Neugablonz (14 000 Ew.) wurde 1946 von Heimatvertriebenen aus Gablonz an der Neiße gegründet und ist ein Zentrum der Modeschmuckindustrie *(neugablonz.info)*.

SIGHTSEEING

Unter den Altstadtführungen *(Mai–Okt. Mi, Sa, ab 11 Uhr | 5,50 Euro)* ist die Führung mit dem Nachtwächter *(Termine:*

INSIDER-TIPP
Durch die Nacht streifen

kaufbeuren-tourismus.de | 7,50 Euro) besonders stimmungsvoll und unterhaltsam.

ALTSTADT ⭐

Die Besichtigung beginnst du am besten am prächtigen Neorenaissance-Rathaus. Bei der Touristinformation (im Rathaus) leihst du dir am besten gleich den Schlüssel für die spätere Begehung der Stadtmauer. Wenn du dem Salzmarkt folgst und links in den Obstmarkt einbiegst, kommst du zum Crescentia-Kloster, in dessen Kirche der Leichnam der Mystikerin Crescentia Höß (18 Jh.) ruht. Sie war eine gefragte Ratgeberin für Bürger wie Fürsten und gilt als Schutzheilige Kaufbeurens, die bis zu 70 000 Pilger im Jahr anzieht. Hinter dem Kloster folgst du anschließend dem Blasiusbergweg zur stilreinen spätgotischen Kirche *St. Blasius (Di–So 10–11 und 14–16 Uhr)*. Selten und kostbar ist

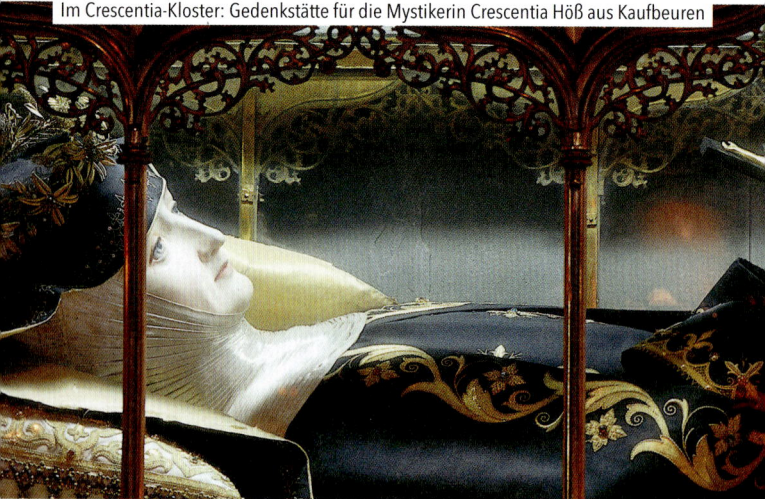

Im Crescentia-Kloster: Gedenkstätte für die Mystikerin Crescentia Höß aus Kaufbeuren

der Flügelaltar (1518) des Künstlers Jörg Lederer, der in Kaufbeuren lebte; außerdem kannst du 66 Bildtafeln aus dem 15. Jh. studieren. Bei der Kirche gelangst du mit dem geliehenen Schlüssel auch in den überdachten Wehrgang der Stadtmauer, der bis zum Fünfknopfturm führt, dem Wahrzeichen Kaufbeurens. Zurück in die Altstadt gelangst du über den reizenden ❀ Klosterberggarten, der im Sommer ein schöner Ort zum Verweilen und Meditieren ist.

Auf dem Rückweg zur Touristinfo liegt das Stadtmuseum *(Di–So 10–17 Uhr | 5 Euro, samstags Eintritt frei | Kaisergässchen 12–14 | stadtmuseum-kaufbeuren.de),* in dem die Stadtgeschichte veranschaulicht wird.

ISERGEBIRGSMUSEUM NEUGABLONZ

Von außen wirkt es wenig attraktiv, aber innen ist es ein sehr liebevoll

gestaltetes Museum, das die Entwicklung der Glasmacher- und Textilregion rund um Gablonz an der Neiße ab dem 17. Jh. vorstellt und den Neuanfang im Allgäu eindrücklich schildert. Durch originale Fotos, Ton- und Filmaufnahmen wird Geschichte quicklebendig – du kannst die Stimme von Otfried Preußler hören, der aus seiner Kindheit erzählt. Nicht zuletzt gibt es reichlich glitzernden Strass- und Modeschmuck zu bewundern. *Di–So 14–17 Uhr | 4 Euro | Bürgerplatz 1 | isergebirgs-museum.de*

ESSEN & TRINKEN

GASTHOF ENGEL

Gutbürgerliches, gemütliches Restaurant im Stadtteil Oberbeuren mit Steakkarte, zahlreichen Allgäuer Spezialitäten und nettem Biergarten. *Tgl. | Hauptstr. 10 | Tel. 08341 21 24 | engel-kaufbeuren.de | €€*

CAFÉ WEBERHAUS

Liebenswert traditionelle Konditorei und Confiserie mit sehr gutem Kuchen. Auch kleine Mittagskarte für Herzhaftes. *Tgl. | Kaiser-Max-Str. 22 | Tel. 08341 25 04 | €*

SPORT & SPASS

ERLEBNISBAD NEUGABLONZ 👯

Kinder lieben dieses Freibad mit Strömungskanal, Wellenbad, Wasserkanonen und vielem mehr. *Mai–Sept. 9/10–19/20 Uhr (je nach Witterung) | 3,80 Euro, Familien 9 Euro | Gewerbestr. 85 | Kaufbeuren-Neuga-*

blonz | baeder.kaufbeuren.de/Erleb
nisbad

FESTE

Wie ausgewechselt ist das beschauliche Kaufbeuren, wenn am vorletzten
Wochenende vor den bayerischen
Schulferien das 👥 Tänzelfest beginnt,
das älteste Kinderfest Bayerns. Es
steht unter dem Motto „Kinder spie-
len die Geschichte ihrer Stadt". Am
ersten Wochenende (Freitag- und
Samstagabend) herrscht Hochbetrieb
im mittelalterlichen „Lager" mit reich-
haltigem kulinarischem Angebot und
vielen Vorführungen bis hin zur spek-
takulären Feuershow, am Sonntag
ziehen fast 2000 Mitwirkende beim
großen Festumzug durch den Ort.
taenzelfest.de

AUSGEHEN & FEIERN

CORONA

Der größte Kinokomplex des Allgäus
bietet Filmerlebnisse in neun Sälen,
ein Arthaus-Programm, Live-Übertra-
gungen aus der Met-Opera und im
Sommer ein Open-Air-Kino. *Heinz-
Rühmann-Platz | Ticket-Tel. 08341
99 48 99 | corona-kinoplex.de*

ROUNDHOUSE

Angesagter Club mit vielen Veranstaltungen unterschiedlicher Stilrich-
tungen, Open-Stage-Abenden für
lokale Bands und Künstler und etlichen Partyreihen (Programm auf der
Facebook-Seite). *Ringweg 23 | Tel.
08341 9 08 79 64 | Facebook: Round
house.kf*

RUND UM KAUFBEUREN

1 IRSEE

*7 km von Kaufbeuren / ca. 10 Min.
(Auto) über die B16*

Das *Kloster Irsee (Klosterring 4 | Tel.
08341 9 06 00 | kloster-irsee.de)* ist
eine prachtvolle Barockanlage samt
reich ausgestatteter Pfarrkirche, es
wird als Tagungs- und Bildungszent-
rum genutzt. Zünftig einkehren
kannst du im *Gasthof Irseer Kloster-
bräu (tgl. | auch 48 Zi. | Kloster-
ring 1–3 | Tel. 08341 43 22 00 | irsee.
com | €–€€)* mit herzhaften bayeri-
schen Spezialitäten wie Biersuppe
oder Schweinekrustenbraten und
würzig-mildem Bier aus der eigenen
Brauerei. Im Betriebsgebäude befindet sich ein *Brauereimuseum (tgl.
9–19 Uhr)*. Es werden auch Führungen
durch die Brauerei (natürlich mit Bier-
probe) angeboten. Jeden Freitag ist in
Irsee *Biomarkt (16–19 Uhr | bio-
markt-irsee.de)*. Hier kannst du nicht
nur einkaufen, sondern auch gemütlich Kaffee trinken. 🗺 K3

2 MARKTOBERDORF

*13 km von Kaufbeuren / knapp 20
Min. (Auto) über die B16*

Die Kreisstadt des Landkreises Ostallgäu (18 300 Ew.) war früher Sommerresidenz der Augsburger Fürstbischö-
fe und erlebte ihre Blütezeit unter
Clemens Wenzeslaus (gest. 1812).
Ihm verdankt sie die Rokoko-Stadt-
pfarrkirche St. Martin, das fürstbi-
schöfliche Schloss (heute Sitz der Bay-

erischen Musikakademie) sowie die 2 km lange Kurfürstenallee, deren Linden Kurfürst Clemens Wenzeslaus zwischen 1774 und 1780 pflanzen ließ. Sie lädt zu jeder Jahreszeit zu einem hübschen Spaziergang ein. Für Kunstfreunde lohnt sich ein Stopp im *Künstlerhaus Marktoberdorf (Di–Fr 15–18, Sa/So 14–18 Uhr | 5 Euro | Kemptener Str. 5 | kuenstlerhaus-marktoberdorf.de).* Das Museum in einem kubischen Klinkergebäude ist schon für sich sehenswert und präsentiert jährlich mehrere Ausstellungen zeitgenössischer Kunst. Neben Führung werden auch andere Formen von Kunstvermittlung (Workshops, Künstlergespräche, Vorträge) angeboten.

Schnäppchenfans zieht es in den *Rösle Shop Allgäu (Mo–Fr 10–18 Uhr, Sa 10–14 Uhr | Johann-Georg-Fendt-Str. 38 | roesle.de),* den Fabrikverkauf des Edelstahlküchenhelfer-Herstellers am Stammsitz des Unternehmens. Große Grillabteilung, auch Geschirr und anderes Zubehör zu günstigen Preisen.

Eine liebenswerte Einkehradresse ist das *Café Hotel Konditorei Greinwald (abends geschl. | Georg-Fischer-Str. 22 | Tel. 08342 42 04 60 | cafe-greinwald.de | €).* Das etwas altmodische Kaffeehaus bietet gute Kuchen, Torten und Pralinen aus eigener Herstellung an, wird aber auch zum Sonntagsbrunch und kleinen Mittagessen gerne besucht. Auch 18 schöne Zimmer. ▢ *K–L5*

3 STÖTTEN AM AUERBERG

18 km von Kaufbeuren / 20 Min. (Auto) über die B16

Auf der Spitze des *Auerbergs* (1055 m) thront das 🔭 Wallfahrtskirchlein St.

Wo das Irseer Klosterbräu herkommt: Braukessel in der Klosterbrauerei

Georg, von dessen Aussichtsplattform du einen herrlichen Panoramablick auf die Alpen hast. Durch das Stöttener Moor am Fuß des Berges führt der 👫 Moos-Erlebnispfad Stötten, der Kindern die Moorwelt näherbringt. Zünftig einkehren kannst du im *Landgasthof Sonne (Mo geschl. | auch 5 Zi. | Dorfstr. 7 | Tel. 08349 2 11 | landgasthofsonne.de | €–€€).* ▢ *L5–6*

NESSELWANG

▢ *J–K7* **Der 3500-Seelen-Marktflecken am Fuß der Alpspitz ist ein familienfreundlicher Ferienort mit vielen Freizeitangeboten.**

Inmitten der hügeligen Voralpenlandschaft kannst du wunderbar wandern und auch sonst eine Menge erleben.

ESSEN & TRINKEN

BRAUEREI-GASTHOF HOTEL POST

Gute Küche mit sehr leckeren Bierspezialitäten aus der eigenen Brauerei, in der auch Bierproben und Führungen angeboten werden. Gemütliche Stube und kleiner Biergarten. Im hauseigenen *Osterei-er-Museum (tgl. 10–20 Uhr | 2,50 Euro, Kinder bis 14 J. kostenlos)* kannst du eine skurrile Sammlung von rund 2500 verzierten Eiern bewundern. *Tgl. | Hauptstr. 25 | Tel. 08361 3 09 10 | ho tel-post-nesselwang.de | €–€€)*

INSIDER-TIPP
Ostern das ganze Jahr

ZUM ALTEN REICHENBACH

Die 150 Jahre alte Gaststube des Landgasthofs ist idyllisch am Waldrand gelegen mit guter, preiswerter Küche. *Mo–Fr nur abends, Sa/So ab 12 Uhr | Reichenbach 2 | Tel. 08361 9 20 20 | zum-alten-reichenbach.de | €*

SPORT & SPASS

ALPSPITZ

Vor allem Kinder lieben die 👥 Sommerrodelbahn, die unterhalb der Mittelstation der *Alpspitzbahn (Tel. 08361 12 70 | alpspitzbahn.de)* startet: Auf einer mehr als 1 km langen Strecke geht es über 13 Kurven, 2 Jumps und sogar einen Tunnel bergab. Für Adrenalin-Junkies attraktiv ist der Alpspitz-Kick, eine Zipline, über die du von der Bergstation der Alpspitzbahn

Mitten durch Bergwiesen wandert man auf der Kappeler Alp

aus mit bis zu 120 km/h talwärts saust.

Falls dir der Sinn eher nach Romantik steht, buchst du ein „Gondeling" und lässt dir und deinem oder deiner Liebsten das Abendessen in der Gondel servieren. Im Winter findet sich an der Alpspitz ein gemütliches Familienskigebiet.

ALPSPITZ-BADE-CENTER
Das Alpspitz-Bade-Center Nesselwang, kurz „ABC-Bad" genannt, lockt Familien mit der 115 m langen Reifenrutsche „Crazy Bob", Genießer mit einem herrlich warmen Außenbecken mit Bergblick und Wellnessfans mit einer hochklassigen Saunalandschaft. *Mo–Fr 10–22, Sa/So 9–22 Uhr | Tageskarte 14, Kinder 7,50, mit Sauna 18,50 Euro | Badeseeweg 11 | abc-nesselwang.de*

TRAKTORAUSFLUG
Da schlagen (nicht nur) Männerherzen höher: Im Sommer kannst du bei Nesselwang mit einem Oldtimertraktor der Marken Fendt, McCormick, Porsche oder Eicher auf Entdeckungsfahrt gehen. Vorausgesetzt werden technisches Verständnis, ein Pkw-Führerschein und 25 Jahre Mindestalter. *traktorausflug.de | J–K7*

PFRONTEN

K7 **Die 13 Dörfer bzw. Ortsteile der Gemeinde liegen malerisch zwischen dem Hündeleskopf und dem Breitenberg verstreut im Talgrund.**

Zentrum mit Rathaus und Geschäftsstraße ist Pfronten-Ried, das Wahrzeichen, die barocke Pfarrkirche St. Nikolaus, steht in Pfronten-Berg. Von Pfronten aus kannst du direkt zum Wandern und Radeln in der herrlichen Umgebung losziehen. Kinder freuen sich über die 13 schönen Themenspielplätze – in jedem Ortsteil ist einer angelegt.

BERGWIESEN
Ausgewählte Bergwiesen bleiben unbeweidet und ungedüngt und werden nur einmal jährlich, Ende Juni, gemäht. Die Mahd enthält etwa 70 Heilpflanzen und Kräuter und wird getrocknet für gesundheitliche Anwendungen wie Heuwickel und sogar Heugerichte verwendet. Ein 1,1 km langer Bergwiesenpfad ist vom Parkplatz Kappel bis Röfleuten ausgeschildert.

BERGHOTEL SCHLOSSANGER ALP
Für Gourmets – mehrfach und zu Recht als eine der besten Küchen im Allgäu ausgezeichnet. *Tgl. | Reservierung empfehlenswert | Obermeilingen | Am Schlossanger 1 | Tel. 08363 91 45 50 | schlossanger.de | €€€*

SCHANKWIRTSCHAFT WOHLFART
Authentische Wirtsstube, Brotzeiten und regionaltypische Gerichte sowie selbst gebrautes Hofbier. Dienstagabend Live-Volksmusik. *Außer So mittags geschl. | Dorf | Kienbergstr. 61 | Tel.*

08363 92 87 95 | *schankwirtschaft-wohlfart.de* | €€

oder im Wasser: Hier hast du einen fantastischen Panoramablick.

SPORT & SPASS

Rund um Pfronten verlaufen viele Wander- und Radrouten. Die *Breitenbergbahn (breitenbergbahn.de)* bringt dich im Sommer zu vielen Bergwandermöglichkeiten im Gebiet der Hochalpe (auf 1457 m), im Winter zum Hochalp-Skizirkus (1200 bis 1660 m) und zur mit 6 km längsten Naturrodelbahn des Allgäus.

An der Breitenbergtalstation startet eine 3 km lange Wanderung zum Falkenstein, Deutschlands höchstgelegene Burgruine (1277 m) mit fantastischem Ausblick. Ludwig II. plante, auf dem Falkenstein ein weiteres Traumschloss zu errichten, in die Realität umsetzen konnte er diese Idee aber nicht mehr. Was der König sich erträumte, zeigt ein Modell im winzigen *Burgenmuseum (Eintritt frei)* unterhalb der Ruine.

Biker mit guter Kondition können an der Mountainbike-Marathonstrecke 1900 Höhenmeter überwinden (ganzjährig ausgeschildert). In Pfronten-Kappel kannst du dich im *Waldseilgarten Höllschlucht (waldseilgartenhoellschlucht.de)* oder im zugehörigen Bogenparcours ausprobieren.

Das *Alpenbad (tgl. 9.30–20.30 Uhr | Hallenbad 6 Euro, Tageskarte Freibad 8,50 Euro | Falkensteinweg 14 | alpenbad-pfronten.de)* in Pfronten-Meilingen lockt kleine und große Besucher mit Hallenbad und Rutsche und im Sommer mit einer Liegewiese und einem 50-m-Freibecken. Ob an Land

RUND UM PFRONTEN

4 VILSTALSÄGE

4 km von Pfronten-Ried / 1 Std. (zu Fuß)

Beliebtes Ausflugsziel mit kreativer regionaler Küche, die mit Produkten aus der Umgebung arbeitet. Vegetarische und auch glutenfreie Gerichte. *Mo/Di geschl. | Vilstalstr. 93 | Tel. 08363 2 55 | vilstalsaege.de | €–€€ | ▥ K7*

5 EISENBERG

7 km von Pfronten-Ried / 10 Min. (Auto)

In der Nachbargemeinde liegen die Ruinen der Ritterburgen Eisenberg und Hohenfreyberg auf zwei Hügelkuppen, zu denen es sich gemütlich wandern lässt. Einkehren kannst du auf der *Schlossbergalm (schlossbergalm.de),* wo dich sehr guter Kaiserschmarrn und ein herrlicher Bergblick erwarten.

Im Ortsteil Speiden liegt die barocke Kapelle Maria Hilf aus dem Jahr 1635, die ein Gnadenbild aus dem 14. Jh. und Wessobrunner Stuckatur enthält. Unmittelbar daneben steht die Wallfahrtskirche von 1664 mit sehenswerten Rokokoaltären und Schnitzarbeiten. Weltlich Gesinnte pilgern dagegen zum *Sudhaus (koessel-braeu.de),* das Mariahilfer Vollbier ist unter Bierfeinschmeckern berühmt. ▥ K7

Abhängen im Schwebebett vor der Pfrontener Bergkulisse im Waldseilgarten Höllschlucht

FÜSSEN

📖 *L7–8* **Füssen am Forggensee ist ein bezaubernder Ort. Die mittelalterlichen Gassen der höchstgelegenen Stadt Bayerns laden zum romantischen Stadtbummel ein. Als beeindruckende Naturkulisse dienen das Hochgebirge der Ammergauer Alpen und das blaue Wasser des Forggensees.**

In der Römerzeit führte die Via Claudia Augusta von Italien nach Augsburg über Füssen. Im 8. Jh. siedelten sich Mönche an, darunter der Heilige Magnus, der Schutzpatron des Allgäus. 1295 wurde Füssen zur Stadt erhoben. Das Gemeindegebiet umfasst auch die Ortsteile Bad Faulenbach mit seinen Kalziumsulfat- und Schwefelquellen,

Weißensee am gleichnamigen See und das heitere Hopfen am See: Wegen des südlichen Ambientes seiner Seepromenade trägt Hopfen den Beinamen „Allgäuer Riviera".

SIGHTSEEING

ALTSTADT ⭐

Startpunkt für den Rundgang durch Füssen ist der Siebensteinbrunnen am Kaiser-Maximilian-Platz, er symbolisiert sieben Jahrhunderte Stadtgeschichte. Von dort überquerst du die Straße, gehst durch die kleine Passage am Pulverturm und folgst den Schildern zum Franziskanerkloster. Nimm dir Zeit für einen **Rundgang über den idyllischen** *Sebastiansfriedhof* mit seinen Grab-

INSIDER-TIPP
Sanfte Ruhe

Üppiges, bayerisches Barock wartet im Inneren von Kloster St. Mang

steinen aus dem 18. und 19. Jh., deren Inschriften zu Herzen gehen.

Am Kloster angelangt, hast du einen guten Blick auf die Stadt, den so genannten „Quaglioblick" – von hier aus hat nämlich vor 200 Jahren der italienische Architekturmaler und Künstler Domenico Quaglio die Füssener Altstadt porträtiert. Hinter der im Rokokostil ausgestatteten Franziskanerkirche führen Stufen hinab zum Lechufer. Halte dich rechts und biege an der Theresienbrücke rechts ab, dann erreichst du die Heilig-Geist-Spitalkirche mit ihrer farbenpächtigen Rokokofassade. Von hier sind es nur ein paar Schritte zum Kloster Sankt Mang und der gleichnamigen Pfarrkirche; von dieser führt ein Weg hinauf zum Hohen Schloss.

KLOSTER ST. MANG – MUSEUM DER STADT FÜSSEN ⭐

Die Barockräume des fast 1000 Jahre betriebenen Klosters (840–1803) sind allein schon sehenswert, insbesondere die reich geschmückte Bibliothek, der lichte Lesesaal (Colloquium) und der etwas morbide Kapitelsaal. Im prunkvoll ausgestatteten Kaisersaal finden von Mai bis September klassische Konzerte statt. Zudem zeigt das Museum der Stadt Füssen in den Klosterräumlichkeiten zahlreiche Exponate zur Geschichte der Füssener Lauten- und Geigenbauer, deren Zunft im 16. und 17. Jh. eine europaweit bedeutende Rolle spielte. Auch die neuere Heimatgeschichte hat ihren Platz. Die Bildtafeln des „Füssener Totentanzes" aus dem Jahr 1602 zeigen drastisch, wie der Tod sich unterschiedslos jeden Menschen holt. Motto „Sagt Ja Sagt Nein. Getanzt Muess Sein". Der Totentanz (er ist der älteste Bayerns) wird in der über das Museum zugänglichen St. Anna-Kapelle ausgestellt. *April–Okt. Di–So 11–17, Nov.–März Fr–So 13–16 Uhr | 6 Euro | Lechhalde 3 | museum.fuessen.de | ⏱ 2 Std.*

KIRCHE ST. MANG

Die ehemalige Klosterkirche, die im Barock neu erbaut wurde, ist heute katholische Stadtpfarrkirche. Sie ist dem Heiligen Magnus geweiht, dem Schutzpatron des Allgäus. Fresken mit Szenen aus seinem Leben zieren die Decke, über dem Altar hängt in einem transparenten Kreuz sein Stab, mit dem er einst einen Drachen in der Nähe von Roßhaupten besiegt haben soll. **INSIDER-TIPP Auf Drachenjagd** Wenn du genau hinsiehst, findest du etliche gezähmte Drachen in der Kirche, zum Beispiel als Kerzenhalter oder Priestersitzträger. *Magnusplatz 1*

HOHES SCHLOSS

Die spätgotische Anlage über der Stadt beeindruckt im Innenhof mit farbenprächtigen Illusionsmalereien. Sie beherbergt heute das Finanzamt und eine Zweigstelle des Bayerischen Nationalmuseums mit einer Sammlung spätgotischer, überwiegend schwäbischer Malerei sowie die Städtische Gemäldegalerie. Besonders sehenswert ist der Rittersaal mit seiner über 500 Jahre alten, reich verzierten Holzkassettendecke. Spaß macht das Erkunden des Wehrgangs und der Türme, von denen aus du über die Stadt und weit ins Umland blicken kannst. *April–Okt. Di–So 11–17, Nov.–März Fr–So 13–16 Uhr | 6 Euro | Magnusplatz 10*

LECHFALL (MANGFALL)

In der vor 12 000 Jahren in der letzten Eiszeit entstandenen Lechschlucht befindet sich heute ein Stauwehr, über das die türkisfarbenen Wassermassen über fünf Stufen 12 m in die Tiefe stürzen. Über die Lechschlucht soll übrigens der Heilige Magnus mit Hilfe eines Engels gesprungen sein, als er vor Dämonen floh. Heute kannst du das Wasserschauspiel ohne solche Waghalsigkeiten bequem vom Kaiser-Max-Steg aus bestaunen.

ESSEN & TRINKEN

SCHLOSSGASTHOF ZUM HECHTEN

Mitten in der Altstadt gelegen. Neben Deftigem viele Salate, auch Vegetarisches, guter hausgemachter Kaiserschmarrn. *Tgl. | Ritterstr. 6 | Tel. 08362 9 16 00 | hotel-hechten.com | €€*

HOTEL HIRSCH

Gute regionale Küche. Serviert wird in der rustikalen Stube oder im kleinen Biergarten. *Tgl. | Kaiser-Maximilian-Platz 7 | Tel. 08362 9 39 80 | hotel fuessen.de | €€*

SHOPPEN

FÜSSEN OUTLET CENTER

Praktisch alle deutschen bekannten Outdoorausrüstungsmarken sind hier zu teilweise sehr günstigen Preisen zu bekommen. *Mo–Sa 9–19 Uhr | Schäfflerstr. 17–19 | fuessen-outlet-center.de*

SPORT & SPASS

Am Hafen legen zwischen 1. Juni und 15. Oktober die Schiffe der Forggenseeschifffahrt *(forggensee-schifffahrt.de)* ab. Kids und große Klettermaxe haben Spaß im ☃ *Hochseilgarten Füssen (Mo–Sa 9–19 Uhr | 14,95 Euro, bei einem Einkauf ab 10 Euro im Outdoorladen 9,95 Euro | Schäfflerstr. 19b | Tel. 08362 3 00 42 20 | hochseilgarten-fuessen.de)* samt 230 m Flying Fox, der sich im und am VAUDE-Fabrikverkauf im Füssen Outlet Center befindet.

WALDERLEBNISZENTRUM ZIE-GELWIES ☃

Drei Erlebnispfade führen durch den Auwald am Lech, hier können Kinder rutschen, klettern, balancieren und sogar mit einem Floß über einen Bach gleiten. Der 480 m lange und 21 m hohe Baumkronenweg ermöglicht eine ganz andere Perspektive auf Wald, Fluss und Berge. Die Erlebnispfade sind ganzjährig und kostenlos begehbar. *Ausstellung und Baumkronenweg: Mai–Okt. tgl. 10–17, April, Nov. 10–16 Uhr | 5 Euro, Kinder bis 15 J. kostenlos | Tiroler Str. 10 | walderlebniszentrum.eu | ◫ L8*

AUSGEHEN & FEIERN

ALPENFILMTHEATER

Außen 30er-Jahre-Charme, innen modernste Technik in vier Sälen. Zu sehen sind aktuelle Blockbuster ebenso wie die Filmkunstreihe „Lechflimmern" oder Liveübertragungen aus der Met oder dem Bolschoi-Theater. Manche Filme könnt ihr in speziellen D-Box-Motion-Effect-Sesseln mit passender „Choreografie" erleben – ein Ganzkörpererlebnis. *Augustenstr. 15 | Tel. 08362 92 14 67 | alpenfilmtheater.de*

LUDWIGS FESTSPIELHAUS

Dem technikverliebten Märchenkönig mit seinem Sinn für Schönheit hätte es wahrscheinlich gefallen: Das Festspielhaus liegt auf einer künstlichen Halbinsel im Forggensee mit Blick auf Schloss Neuschwanstein. Aufgeführt wird – natürlich – ein Ludwig-Musical. Es gibt aber auch Gastproduktionen, Konzerte und andere Events. *Im See 1 | Tel. 08362 5 07 70 | das-festspielhaus.de*

RUND UM FÜSSEN

6 ALATSEE

8 km von Füssen / 14 Min. (Auto) über die B 310; 5 km / 1 Std. (zu Fuß)

Der idyllisch gelegene See ist von wunderschönen Wanderwegen umgeben. In einer Stunde kannst du ihn auch umrunden und dazwischen einen Badestopp einlegen. Am besten ist es, du kommst gleich zu Fuß hierher, Parkplätze sind im Sommer mitunter rar. Das *Restaurant Alatsee (im Winter Mo abends geschl., Di Ruhetag, im Sommer kein Ruhetag, aber Mo/Di abends geschl., abends Reservierung erbeten | Bad Faulenbach | Am Alatsee 1 | Tel. 08362 62 05 | hotel-alatsee. de | €€)* bietet kreative, köstliche Küche. Die Tageskarte findest du auf der Webseite, für abends kannst du ein Überraschungsmenü buchen. 📖 *L8*

SCHLOSS NEU- SCHWAN- STEIN

📖 *M8* Wo früher bescheidende mittelalterliche Burgen standen, thronen heute die Königsschlösser ⭐ Neuschwanstein und Hohenschwangau. Allein König Ludwigs Märchenschloss Neuschwanstein zählt jährlich rund 1,5 Mio. Besucher aus aller Welt. Die Lage auf einem bewaldeten Felssporn und nicht zuletzt die zahlreichen Türm-

Mit Schloss Neuschwanstein schuf sich Ludwig II. ein weithin sichtbares Denkmal

Vereint kirchliche und weltliche Elemente: der Thronsaal

chen und Zinnen haben Neuschwanstein zum Inbegriff des romantischen Schlosses werden lassen – und zum Vorbild vieler Modelle in Disney- und Märchenparks weltweit.

Als Kind war Ludwig II. oft in Hohenschwangau gewesen und hatte mit seiner Mutter, der bergbegeisterten Königin Marie, die Umgebung erkundet. In Sichtweite des vertrauten Schlosses seiner Kindheit wollte er ein eigenes, prächtigeres erbauen. Eines, das seiner Vorstellung von einer mittelalterlichen Burg entsprach – angelehnt an die thüringische Wartburg mit ihrem berühmten Sängersaal. 1869 begannen die Bauarbeiten an Neuschwanstein. Freilich ist das Ergebnis keineswegs authentisch mittelalterlich, sondern eine wilde Mischung aus romanischen und gotischen Stilelementen und byzantinischer Kunst, garniert mit den damals neuesten technischen Errungenschaften wie einer Zentralheizung und automatischen Toilettenspülungen. Ludwig II. hat sein Traumschloss nie vollendet gesehen. Er wohnte zunächst ab und zu im Torbau und ab 1884 einige Monate in den Wohnräumen, als diese gerade fertiggestellt waren. Schon sechs Wochen nach seinem Tod wurde das Schloss der Öffentlichkeit zugänglich gemacht – eine Vorstellung, vor der es dem menschenscheuen Monarchen sicher gegraut hätte. Die Bauarbeiten dauerten noch bis 1892 an.

SIGHTSEEING

Die Besichtigung des Schlosses ist nur im Rahmen einer Führung möglich.

Wegen geplanter Restaurierungsarbeiten bis 2022 kann es phasenweise zu Einschränkungen kommen.

SÄNGERSAAL

Der prunkvolle Raum erinnert an die Sängerhalle der Oper „Tannhäuser". Man findet dort Wandbilder und Motive aus „Tristan und Isolde", „Lohengrin", „Parsifal" und anderen Wagner-Opern, kostbare Holzvertäfelungen und Holzdecken. Ludwig II., der sich als Wagner-Begeisterter in die Rolle des „Gralskönigs" Parsifal hineinträumte, hat ihn errichten lassen, um dort Konzerte zu veranstalten.

SCHLAF- UND BADEZIMMER

Die Schlafzimmer und die Badezimmer sind prunkvoll ausgestattet. In eine dunkelblaue Marmorplatte des Waschtischs ist eine kippbare Waschschüssel aus Silber eingelassen. Der Wasserspender ist in versilberter Bronze gearbeitet und hat die Gestalt eines Schwans. Eine Waschgarnitur mit Schwammbehälter glänzt in vornehmer Bronze. Des Königs Stolz war,

dass er in allen Etagen über fließend Wasser verfügen konnte, ein Novum zu jener Zeit. Überhaupt war das Schloss mit für damalige Verhältnisse modernster Technik ausgestattet und bot höchsten Komfort. So wurden die Räume des Palas über eine Heißluft-Zentralheizung erwärmt, es gab ein elektrisches Klingelsystem und die Toiletten besaßen automatische Spülung.

SPEISEZIMMER

Ludwig II. aß am liebsten allein, weshalb ihm ein kleines Speisezimmer ausreichte. Mit einem handbetriebenen Aufzug wurden die Speisen von der drei Stockwerke tiefer liegenden Küche nach oben transportiert. Auch hier findet man Malereien aus der Sagenwelt. Auf dem Tisch des Speisezimmers sieht man auf dem Tafelaufsatz Siegfried im Kampf mit dem Drachen, an den Wänden Szenen mit Minnesängern auf der Wartburg. Besonders prunkvoll wirkt der 1 m hohe Tafelaufsatz aus vergoldeter Bronze mit einem Sockel aus Marmor.

TRAGISCHER MÄRCHENKÖNIG

Es sind die Geheimnisse rund um Ludwig II. und die Tragik seines Lebens, die noch heute die Menschen faszinieren. Der Monarch war ein kunstsinniger, träumerischer Mensch, der sich zwar für moderne Technik interessierte, aber vor allem die Zeit des Mittelalters idealisierte. Er litt an seiner Zeit, in der er als König in einer konstitutionellen Monarchie nur wenig Spielraum hatte und noch dazu von den mächtigen Preußen politisch gedemütigt wurde. Wegen seiner kostspieligen Bauprojekte und chronischen Verschuldung wurde er für geisteskrank erklärt. Schon früh, im Alter von 40 Jahren, starb er 1886 einen bis heute ungeklärten Tod im Starnberger See.

THRONSAAL

Über zwei Stockwerke erstreckt sich dieser reich verzierte Saal im byzantinischen Stil. Hier verwirklichte der Bauherr seine Vorstellung vom „Königtum von Gottes Gnaden" mit der Machtfülle, wie sie die byzantinischen Kaiser besessen hatten, von der der bayerische König aber nur träumen konnte. Allerdings: Einen Thron suchst du vergeblich, da Ludwig noch während des Innenausbaus gestorben ist. Der König hatte für die Ausgestaltung des Saals angeordnet, die Münchner Allerheiligenkirche als Vorbild zu nehmen. Achte auf die Säulen aus gefärbtem Stuck und die zahlreichen Bilder in diesem Saal: So findet man Christus in der Glorie mit Maria und Johannes inmitten von Engeln dargestellt, darunter sechs heiliggesprochene Könige. Zu ihnen gehört Ludwig IX. „der Heilige" von Frankreich, Namenspatron des Königs. Auch der Kampf gegen das Böse ist hier verewigt: Auf der gegenüberliegenden Seite stehen der Erzengel Michael und der heilige Georg, Patron des bayerischen Ritterordens.

ANFAHRT

Es gibt mehrere Parkplätze in Hohenschwangau *(Pkw 7 Euro),* von dort sind es 30 bis 40 Minuten Fußweg hinauf zum Schloss. Es gibt eine Busverbindung vom Alpseeparkplatz P4 bis zur Marienbrücke, von dort sind es noch ca. 10 Minuten zu Fuß *(hin und zurück 3 Euro)* zum Ziel. Die dritte Möglichkeit ist, in eine Pferdekutsche *(Bergfahrt 7, Talfahrt 3,50 Euro)* zu steigen: Abfahrt Hotel Müller Hohenschwan-

gau, dann noch 10 Gehminuten bergauf *(neuschwanstein.de).*

ÖFFNUNGSZEITEN & TICKETS

In den Ferien und an Feiertagen sind die Tickets schnell vergriffen, manchmal schon Wochen im Voraus. Komm also lieber an einem Wochentag in der Nebensaison und reserviere die Tickets, sobald der Besuchstermin feststeht. *April–Mitte Okt. tgl. 9–18, Mitte Okt.– März 10–16, Ticketverkauf 7.30–17 bzw. 8.30–15 Uhr, Führungen (30 Min.) sukzessive | Eintrittskarten mit fester Uhrzeit nur im Ticketcenter Hohenschwangau | Online-Reservierung gegen Zuschlag von 2,50 Euro pro Person und Schloss bis 2 Tage vor dem Besuchstag möglich | 13 Euro pro Schloss, Kombiticket 25 Euro | ticket-center-hohenschwangau.de*

RUND UM SCHLOSS NEU- SCHWAN- STEIN

7 MUSEUM DER BAYERISCHEN KÖNIGE ★

750 m vom Parkplatz P2 Königsschlösser / 12 Min. (zu Fuß)

Im denkmalgeschützten früheren Grandhotel Alpenrose und nebenan

Auf Schloss Hohenschwangau verbrachte Ludwig II. seine Ferien

im Jägerhaus entstand auf 1200 m² ein eindrucksvolles Privatmuseum zur Geschichte der Wittelsbacher, eine der ältesten Dynastien Europas. Man findet darin z. B. einen begehbaren Stammbaum, einen 40-teiligen vergoldeten Tafelaufsatz aus Bronze, ein prächtiges Palmenhaus, Nymphenburger Porzellan, aber auch Informationen zum Schicksal der königlichen Familie in den beiden Weltkriegen. Nicht nur für König-Ludwig-Fans sehenswert! *Tgl. 9–17 Uhr | 11, mit Schlössern 31,50 Euro | Alpseestr. 27 | museum derbayerischenkoenige.de | ⬚ L8*

8 SCHLOSS HOHENSCHWANGAU
1,2 km vom Parkplatz P2 Königsschlösser / 20 Min. (zu Fuß)
Maximilian II. ließ die einstige Ritterburg Schwanstein von 1832 bis 1836 im romantisierenden Stil der Neugotik wieder aufbauen und nutzte es danach unter dem Namen Schloss Hohenschwangau als Sommerresidenz. Auch sein Sohn Ludwig liebte das Schloss und dessen Ausstattung. Überall stößt man auf die Figur des Schwans, der in der Lohengrin-Sage eine wichtige Rolle spielt und zum Lieblingstier Ludwigs wurde. Im Festsaal (auch Heldensaal genannt) wirst du am deutlichsten mit der Großzügigkeit des Schlosses konfrontiert – er nimmt dessen ganze Breite ein. Die Decke aus Stuckgips wurde mit neugotischen Verzierungen auf rosafarbenem Grund und mit plastischen silbernen Sternen geschmückt. Das Schlafzimmer von Ludwigs Mutter Marie ist im orientalischen Stil eingerichtet, den König Maximilian auf ei-

ner Orientreise 1832/33 kennen gelernt hatte. *Pferdekutschen vom Ticketcenter zum Schloss (hin 4,50, zurück 2 Euro) | zu Fuß ca. 30 Min. | über Treppenaufgang ca. 20 Min. |* 🛒 *L8*

9 PÖLLATSCHLUCHT UND MARIENBRÜCKE ⭐

2 km vom Parkplatz P2 Königsschlösser / 30 Min. (zu Fuß)

Vom Parkplatz in Hohenschwangau ist der wildromantische Wanderweg durch die Pöllatschlucht ausgeschildert. Er führt hinauf zum Schloss und zur Marienbrücke. Beim Bau der Brücke 1866 wurde eine zur damaligen Zeit völlig neue Konstruktionsweise erprobt: In 90 m Höhe über dem Pöllatfall wurden die Träger von den auf beiden Seiten im Fels befestigten Verankerungen aus aufgestellt – ohne

stützende Rüstung. Die Marienbrücke ist gleichzeitig der perfekte Fotospot für Neuschwanstein-Fotos. Wenn du vor dem Foto nicht Schlange stehen möchtest, solltest du frühmorgens oder abends kommen. 🛒 *M8*

10 BERGGASTHAUS BLECKENAU

4,5 km vom Parkplatz P2 Königsschlösser / 1½ Std. (zu Fuß)

Folgt man dem breiten Fahrweg zum Schloss, führt am Buswendeplatz der „Wasserleitungsweg" hinauf zur bewirtschafteten, 1167 m hoch gelegenen Bleckenau. Die im schweizerischen Stil erbaute Hütte diente Ludwig II. wie zuvor schon seinen Eltern als Jagdhütte und wird seit 1919 in vierter Generation von der Familie Schweiger bewirtschaftet. Gemütliche Gaststube, schöne Terrasse. Im Winter

Zwiebelturm vor Bergpanorama: St. Coloman

ist die Bleckenau Ausgangspunkt für rasante Rodelpartien. *Tgl. 10–18 Uhr | Bustransfer ab Hohenschwangau ggü. Touristinfo ab 11 Uhr stdl. | berggast haus-bleckenau.de | M8*

11 SCHWANGAU

2,4 km vom Parkplatz P2 Königs-schlösser / 4 Min. (Auto)

Schwangau ist weniger wegen seiner besonderen Schönheit als wegen der Königsschlösser im Ortsteil Hohen-schwangau berühmt. Echtes Landle-ben und idyllische Ruhe darfst du hier nicht erwarten. In einem authentischen Bauernhaus wird im *Hotel Helmer (Mitteldorf 10 | Tel. 08362 98 00 | hotel-helmer.de | €€)* deftige regionale Küche serviert. Der Service ist freundlich, vernünftige Preise.

Vier Seen in grandioser Landschaft erreicht man von Schwangau aus in kürzester Zeit: Forggensee, Alpsee (kühl), Bannwaldsee (wärmstes Gewässer) und Schwansee (große Spielwiese). Wellness und Entspannung auch bei schlechtem Wetter genießt du in der *Königlichen Kristall-Therme (So–Do 9–22, Fr/Sa 9–23 Uhr, Di und Fr ab 19 Uhr textilfrei | ab 14,50 Euro | Am Ehberg 16 | kristalltherme-schwangau. de)* mit schönem Saunabereich, Außenbecken mit Aussicht und cooler Poolbar. *L–M7*

12 TEGELBERG

3 km vom Parkplatz P2 Königsschlös-ser zur Talstation Tegelbergbahn über Colomanstraße / 5 Min. (Auto)

Der Tegelberg ist einer der schönsten europäischen Startplätze für Drachen- und Gleitschirmflieger. Traust du dich,

mit dem Gleitschirm Neuschwanstein aus der Adlerperspektive zu umkreisen? Tandemflüge gibt es z. B. bei *flug schule-aktiv.de, abschweb.net* oder *fly-royal.de.*

Klettersportler finden hier drei Klettersteige von leicht bis sehr schwierig. Weniger ambitionierte Bergfreunde können von der Bergstation der *Tegel-bergbahn (tegelbergbahn.de)* aus Wanderungen ins Naturschutzgebiet Ammergebirge unternehmen. Neben der Talstation gibt es eine 760 m lange Sommerrodelbahn. Im Winter ist das Tegelberggebiet attraktives Ziel für Alpinski- und Skilangläufer. *M8*

13 ST. COLOMAN

2,7 km vom Parkplatz P2 Königs-schlösser über Colomanstraße / 5 Min. (Auto)

Du hast sie garantiert schon auf einer Postkarte oder auf Pinterest gesehen: Die Wallfahrtskirche ist zu jeder Jahreszeit ein beliebtes Fotomotiv wegen der herrlichen Wiesenlage zu Füßen der Schwangauer Berge. Innen stilrein erhaltenes bayerisches Barock. *Sommer tgl. 14.30–16.30 Uhr | Colo-manstraße | M7*

14 DREHHÜTTE

8,7 km vom Parkplatz P2 Königs-schlösser über Colomanstraße / 20 Min. (Auto)

Beliebtes Wanderziel in 1250 m Höhe, Tiroler Küche. Ca. 1 Std. vom Parkplatz Drehhütte. Im Winter kann man den Weg mit dem Schlitten wieder hinunterrodeln. *Mo geschl. | Tel. 08362 9 30 36 33 | drehhuette.de | €–€€ | M8*

ERLEBNIS TOUREN

Lust, die Besonderheiten der Region zu entdecken? Dann sind die Erlebnistouren genau das Richtige für dich! Ganz einfach wird es mit der MARCO POLO Touren-App: Die Tour über den QR-Code aufs Smartphone laden – und auch offline die perfekte Orientierung haben.

❶ DAS ALLGÄU PERFEKT IM ÜBERBLICK

➤ Stolze Bürgerhäuser und alte Bauernhäuser bewundern
➤ Kemptens reiche Geschichte und Museen erkunden
➤ Berge erobern und Schlösser bestaunen

📍 Memmingen   🏁 Ottobeuren

→ 453 km   10 Tage, reine Fahrzeit
                      7 Stunden

ⓘ Feste, knöchelhohe Wanderschuhe und Badesachen mitnehmen. Für die Wanderung im Eistobel rechtzeitig ein Picknick besorgen; Nachmittagstickets für Schloss Neuschwanstein möglichst frühzeitig online reservieren.

Kutschfahrt im Schwäbischen Bauernhofmuseum in Illerbeuren

AUF ZU BÜRGERHÄUSERN UND BAUERNHÖFEN

Starte die Tour mit einem Rundgang durch die **Altstadt** von ❶ **Memmingen** ➤ S. 88. In den Museen im **Antonierhaus** tauchst du dann tief in die Welt des Mittelalters ein, bevor du in der **MEWO-Kunsthalle** der Kunst des 20. und 21. Jhs. begegnest. Für abends reservierst du einen Tisch im Restaurant **Klösterle** und schlenderst zum Schlafen in die **Pension Erb** *(10 Zi. | Zollergraben 5 | Tel. 08331 8 48 68 | pension-erb.com | €).*

Nach dem Frühstück fährst du in den malerischen Illerwinkel, erkundest die alten Bauernhäuser im ❷ **Schwäbischen Bauernhofmuseum** ➤ S. 90 und schlenderst durch die Gärten und unter Obstbäumen. Die Mittagspause verbringst du im Biergarten des **Gromerhofs,** *bevor du dich über die A96 auf den Weg nach* ❸ **Kißlegg** ➤ S. 73 machst, wo du zum **Neuen Schloss** mit seiner reizenden Rokokoausstattung spazierst. Du übernachtest im **Gasthof Ochsen** *(61 Zi. | Herrenstr. 21 | Tel. 07563 9 10 90 | ochsen-kisslegg.de | €).*

DEN BERGEN ENTGEGEN

Nach dem Frühstück erwartet dich *zunächst eine Fahrt gen Süden,* auf der die Alpen immer näher rücken, und

TAG 1
❶ Memmingen

TAG 2
21 km
❷ Schwäbisches Bauernhofmuseum
36,5 km
❸ Kißlegg

TAG 3
36 km

4 Skywalk Allgäu

4 km

5 Gasthaus zum Hirschen

4 km

6 Lindenberg

dann der **4 Skywalk Allgäu** ➤ S. 78 mit seiner grandiosen Aussicht auf Berge und Bodensee. Mittags isst du im **5 Gasthaus zum Hirschen** ➤ S. 77 *in Scheidegg, bevor du wieder ein Stück zurück und weiter nach* **6 Lindenberg** ➤ S. 79 fährst. Lass dich im **Deutschen Hutmuseum** bei einem Spaziergang durch 300 Jahre Hutgeschichte modisch inspirieren. Erfrischung findest du abends (2 km außerhalb) beim Baden im moorig-weichen **Waldsee,** bevor du dich dort ins gleichnamige **Hotel** *(19 Zi. | Austr. 41 | Tel. 08381/9 26 10 | hotel-waldsee.de | €–€€)* zurückziehst.

AB IN DIE ARGEN!

TAG 4–5

24 km

7 Eistobel

47 km

8 Kempten

Wanderschuhe, Badesachen und ein Picknick bereithalten – es erwartet dich eine herrliche Wanderung in den **7 Eistobel** ➤ S. 82 bei Grünenbach. Die Obere Argen ist eiskalt, aber die Gelegenheit zum Waten und Planschen kann man sich einfach nicht entgehen lassen. Nach diesem nassen Spaß *fährst du durch das Weitnauer Tal nach* **8 Kempten** ➤ S. 42 in die „Metropole des Allgäus", und zwar ins Hotel **Bayerischer Hof**, *(47 Zi., 3 Suiten | Füssener Str. 96 | Tel. 0831 5 71 80 | bayerischerhof-kempten.de | €€)* wo du den Biergarten genießt und die erste von zwei Nächten verbringst.

Am nächsten Morgen besichtigst du den **Archäologischen Park Cambodunum**, dann bummle durch das Zentrum rund um den St. Mang-Platz hinauf zu den prächtigen Bauten der Stiftsstadt, schau dir die Basilika **Sankt Lorenz** an und lass dich durch die beeindruckenden Prunkräume der **Residenz** führen. Nach einem deftigen Mittagessen im **Meckatzer Bräu-Engel** besuchst du das **Kempten-Museum** im Zumsteinhaus. Anschließend ist Zeit für einen Einkaufsbummel durch die **Fischerstraße** bis zum **Forum Allgäu** mit einem Zwischenstopp im **Eiscafé Venezia.** Zum Abendessen genießt du den Panoramablick über die Stadt im Restaurant **My Skylounge** im 13. Stock des Allgäu-Towers.

OBERSTDORFER GIPFELERLEBNISSE

TAG 6

46 km

9 Oberstdorf

2 km

Nach einer weiteren Nacht im Bayerischen Hof *verlässt du Kempten auf der B19 in Richtung* **9 Oberstdorf** ➤ S. 61, wo du in der Tiefgarage des Hotel **Mohren**

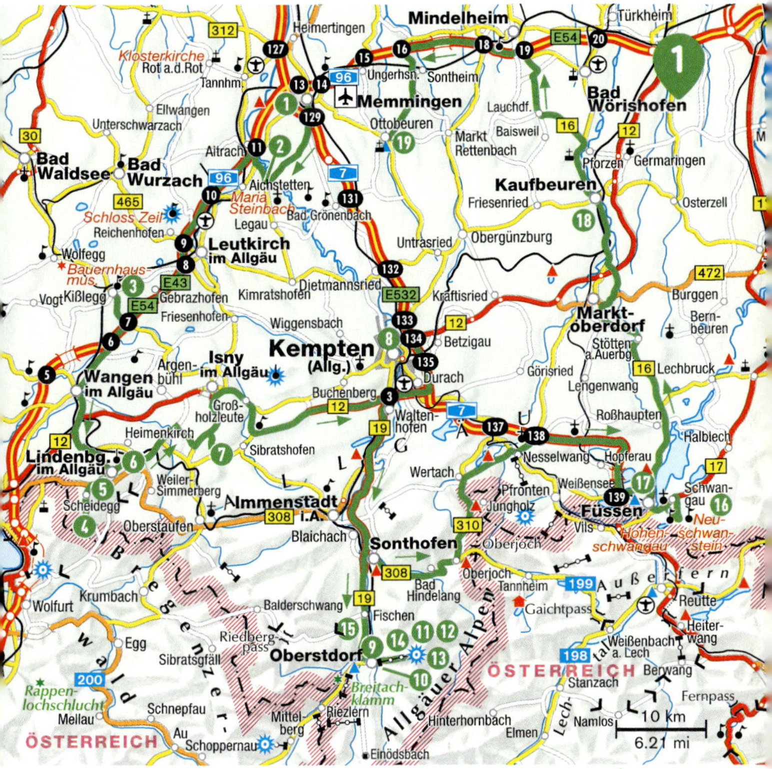

(68 Zi. | Marktplatz 6 | Tel. 08322 91 20 | hotel-mohren.
de | €€€) parkst, in dem du die kommende Nacht ver-
bringen kannst. *Zu Fuß geht es in einer Viertelstunde
zur Talstation der* ⑩ *Nebelhornbahn* ➤ S. 62 *und
dann heißt es: Der Berg ruft! Nimm dir an der* ⑪ *Gipfelstation Zeit für den 400-Gipfel-Blick und den Gang
über den* ⑫ *Nordwand-Panoramasteig. Dann wan-
derst du (immer den Wegweisern nach) hinunter zur*
⑬ *Bergstation Höfatsblick (ca. 1 Std.) und genießt
die hochalpine Landschaft (feste Bergschuhe sind
Pflicht!). An der Bergstation machst du Mittagspause,
bevor zu wieder ins Tal hinuntergondelst. Dann besichtigst du die* ⑭ *Audi Arena* ➤ S. 62, *guckst vom Schan-
zenturm weit ins Land und bummelst anschließend
durch den pittoresken Kurort.*

⑩ **Nebelhornbahn**

6 km

⑪ **Gipfelstation**

0 km

⑫ **Nordwand-Panora-
masteig**

1,5 km

⑬ **Bergstation Höfats-
blick**

6 km

⑭ **Audi Arena**

Die Landschaft ist Teil des Ausstellungskonzepts im Museum der Bayerischen Könige

TAG 7–8

3 km

🕔 Fahrt nach Schwangau

73 km

🕙 Schwangau

TAG 9

20 km

🕜 Füssen

DAS REICH DES MÄRCHENKÖNIGS WARTET!

Nach der Nacht im Hotel Mohren *fährst du die B19 zurück bis Sonthofen und dann Richtung Bad Hindelang.* Die 🕔 Fahrt nach Schwangau ist ein Erlebnis für sich. *Erst führt die Strecke über den Oberjochpass, dann weiter durch eine Bilderbuchlandschaft über Wertach und Nesselwang.* In 🕙 Schwangau ➤ S. 117 parkst du gleich beim Hotel Helmer, denn von dort kannst du bequem *zu Fuß nach Hohenschwangau aufbrechen* und das Museum der Bayerischen Könige ➤ S. 114 besichtigen. Mittagessen kannst du gleich nebenan im Restaurant und Café Alpenrose am See *(tgl. | Alpseestr. 27 | Tel. 08362 9 26 46 60 | €€–€€€ | short.travel/all17)* und den Blick auf den Alpsee genießen. Dann gehst du mit deinen Nachmittagstickets hinauf zur Führung durch Schloss Neuschwanstein ➤ S. 111. In den Betten des Hotel Helmer ➤ S. 117 wirst du die folgenden beiden Nächte selbst königlich ruhen.

Am Folgetag machst du dich auf zu Schloss Hohenschwangau ➤ S. 115 das weniger bekannte, aber eigentlich interessantere Schloss. Nachmittags entspannst du in der Königlichen Kristall-Therme ➤ S. 117.

GENIESS DAS ROMANTISCHE FÜSSEN

Am Tag darauf besuchst du die Altstadt von 🕜 Füssen

➤ S. 107. Spazier durch die romantischen Gassen, mach einen Abstecher zum Lechfall und schau dir das Kloster Sankt Mang mit seinen prächtigen Räumen und vielseitigen Ausstellungen an. *Gegen Abend fährst du nach* ⑱ Kaufbeuren ➤ S. 100, *wo du im* Gasthof Engel *zu Abend isst und danach in dein Bett im* Hotel Am Turm *(30 Zi. | Josef-Landes-Str. 1 | Tel. 08341 9 37 40 | hotel-am-turm.de | €€) sinkst.*

GEMÜTLICH ZURÜCK INS „UNTERLAND"
Am Morgen spazierst du durch die Altstadt, steigst zu den Resten der Stadtmauer bis zur Kirche Sankt Blasius hinauf und verweilst ein bisschen im Klostergarten. *Nach der Fahrt über die B16 und A96 nach* ⑲ Ottobeuren ➤ S. 90 *ist es Zeit für ein Mittagessen im* Gasthof zum Mohren. *Dann lässt du die Schönheit der* Basilika *und* Benediktinerabtei Ottobeuren *auf dich wirken. Ein Spaziergang durch den* Kneipp-Aktiv-Park *ist der richtige Ausklang für deine Reise, bevor du die letzte Nacht im Allgäu im* Parkhotel Maximilian *(111 Zi. | Bannwaldweg 11 | Tel. 08332 9 23 70 | parkhotel-ottobeuren.de | €€€) verbringst.*

48 km
⑱ Kaufbeuren

TAG 10

54 km

⑲ Ottobeuren

❷ MIT DEM RAD ZU EINSAMEN BADESEEN IM WESTALLGÄU

➤ Auf und ab im lieblichen Hügelland
➤ Hübsche Dörfer und alte Kirchen erkunden
➤ Im weichen Moorwasser entspannen

📍	Kißlegg	🏁	Kißlegg
→	37 km	🚲	1 Tag, reine Fahrzeit 3 Stunden
📶	leicht	↗	468 m
ℹ	Mitnehmen: Badesachen		

BAROCKE PRACHT

❶ Kißlegg
7 km

Kurz nach 10 Uhr startest du die Tour im Herzen von ❶ **Kißlegg** ➤ S. 73 und besichtigst zuerst die Kirche **Sankt Gallus und Ulrich.** 1548 erbaut, wurde sie im 18. Jh. barock umgebaut; ihre prachtvollen Verzierungen sind noch heute zu bewundern. *Anschließend musst du nur kurz in die Pedale treten, denn du radelst keine 200 m ums Eck in die Schlosstraße 3* zum Eiscafé **Dolomiti** *(im Sommer tgl. 10 Uhr bis abends nach Bedarf, im Winter Di–So | Tel. 07563 26 88).* Ab 10.30 Uhr kannst du hier frühstücken oder dich auch nur mit einem Espresso stärken, *bevor du zurück auf die Hauptstraße fährst und Kißlegg in Richtung Osten auf der Gebrazhofer Straße verlässt.*

❷ Mariä Himmelfahrt
5 km

Bleib auf dieser Straße, bis du nach ca. 6 km Gebrazhofen erreichst. Die Kirche ❷ **Mariä Himmelfahrt** wurde im 14. Jh. erbaut, im Barock komplett neu gestaltet, im 19. Jh. im Nazarenerstil umgestaltet und 1961 wieder (gelungen) rebarockisiert. Prachtstücke sind die Statue der Hl. Katharina (um 1625) und das Deckengemälde

Die barock verzierte Sankt-Gallus-und-Ulrich-Kirche in Kißlegg

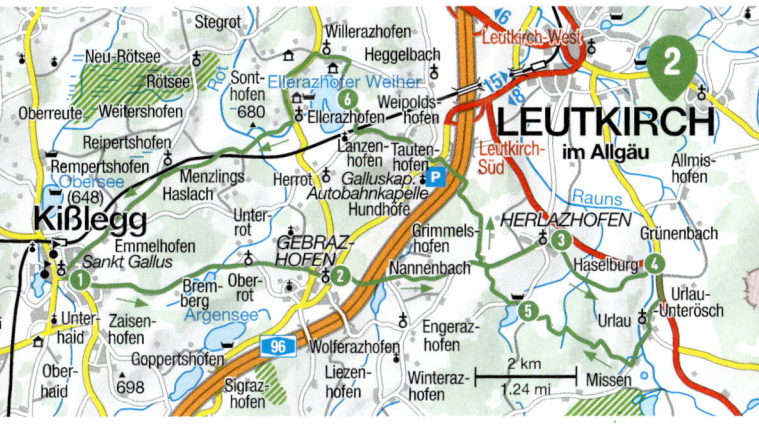

im Chor (1717), das die Himmelfahrt Mariens zeigt. Anziehungskraft als Wallfahrtsort hat die Kirche allerdings durch das Gnadenbild der Schmerzhaften Gottesmutter, das um 1430 entstanden ist.

Bieg nun in die Zollstraße und dann vor dem Ortsausgang rechts ab in Richtung Bettelhofen. Die Straße führt über die A96 hinweg über Bettelhofen bis nach Herlazhofen. Die Kirche ❸ St. Stephanus geht zurück bis auf das Jahr 1275 und zeigt sich als Stilsammelsurium. Interessant sind die barocke Marienstatue am Chorbogen rechts (1620/25), die von diversen Bruderschaftsschilden umgeben ist, sowie die ungewöhnliche Rokokoskulptur am linken Chorbogen, die die Taufe Jesu im Jordan zeigt. Bevor du dich wieder in den Sattel schwingst, solltest du gegenüber der Kirche noch einen Blick auf den Pfarrstadel und den wunderschönen Bauerngarten werfen. *Dann biegst du rechts in den Bachtelweg ein.*

❸ St. Stephanus

3 km

EINKEHREN IN DER URIGEN BAUERNWIRT-SCHAFT UND BADEN FÜR GENIESSER

Nach so viel Bewegung und Kultur ist es nun Zeit für die Mittagspause, und die verbringst du am besten im Gasthof ❹ Rössle *(Mo/Di geschl. | Urlau | Tel. 07561 9 83 45 01 | roessle-haselburg.de)*, den du am Ende des Bachtelwegs und ein kleines Stück an der L319 entlang

❹ Rössle

6 km

Ellerazhofer Weiher – früher zur Fischzucht da, heute ein schönes Freizeitziel

in Haselburg erreichst. Versäum nicht, im kleinen zugehörigen **Laden** nebenan ein frisch gebackenes Holzofenbrot und ein Glas Honig mitzunehmen. *Dann fährst du Richtung Süden nach Urlau und biegst am Ortsende rechts in den Alpenblickweg ab. Über Feld- und Waldwege geht es weiter Richtung Nordwesten bis zum* **Hinterweiher** *(der auch Herlazhofer Weiher genannt wird), an dem sich zwei Campingplätze befinden. Am Nordufer genießt du im* ❺ **Moorfreibad Herlazhofen** mit sauberem, weichem Wasser eine längere Badepause.

Anschließend führt die Tour nach Bettelhofen, wo du diesmal die Straße überquerst, dann musst du der Beschilderung nach Tautenhofen folgen, auf dem Weg dorthin die A96 unterqueren und weiter in Richtung Willerazhofen fahren. Bald kommt der ❻ **Ellerazhofer Weiher** in Sicht, ein Stausee, der schon 1364 erstmals urkundlich erwähnt wurde. Heute ist er einfach nur bezaubernd und trotz des Campingplatzes, der auf der anderen Seeseite liegt, nicht überlaufen. Allerdings gibt es keine öffentliche Badestelle. *Du fährst in östli-*

❺ **Moorfreibad Herlazhofen**

7 km

❻ **Ellerazhofer Weiher**

9 km

cher Richtung am See vorbei und durch den Weiler Willerazhofen Bad.

FREU DICH AUF DEN ABEND IM SCHLOSS-KELLER!

Mit deiner verbliebenen Energie bewältigst du nun
auch die *Steigung hinauf nach Willerazhofen. In Ellerazhofen biegst du rechts ab und folgst der Straße bis hinein nach* ❶ Kißlegg ▶ S. 73, wo du direkt weiter zum
Schlosskeller ▶ S. 74 *in der Fürst-Maximilian-Straße 3*
fährst. Nach dieser sportlichen Tour hast du dir ein deftiges Vesper und „A Funzlig's Kißlegger"-Bier aus der
hauseigenen Brauerei aber wirklich verdient!

❶ Kißlegg

❸ SCHWARZER GRAT UND WILDER ADELEGGWALD

➤ **Durch die wilde Adelegg wandern**
➤ **Den Aussichtsturm besteigen und das Panorama genießen**
➤ **Den Glasmachern bei der Arbeit zusehen**

📍 Kreuzthal	🏁	Glasmacherdorf Schmidsfelden
→ 9,2 km	🥾	1 Tag, reine Gehzeit 2,5 Stunden
▮▮▮ leicht	↗	300 m

ℹ Das Haus Tanne ist von April bis Oktober, samstags von
11 bis 17 und sonntags und feiertags von 11 bis 18 Uhr
geöffnet, das Glasmacherdorf Schmidsfelden Anfang
April bis Mitte November täglich außer Montag; Museum und Läden schließen um 17 Uhr.

LOS GEHT´S ZUM SCHWARZEN GRAT!

Starte an einem Tag mit möglichst klarem Wetter, um
schöne Aussichten genießen zu können. Los gehen
sollte es gegen 9 Uhr in ❶ Kreuzthal am Parkplatz

❶ Kreuzthal

1 km

❷ Eisenbachtal

3 km

❸ Schletteralpe

1,5 km

❹ Aussichtsturm auf
dem Schwarzen Grat

5 km

hinter dem Haus Tanne *(Eisenbach 15). Du umrundest das Haus und folgst dem Wanderweg in das wildromantische* ❷ Eisenbachtal. *Nach etwa 20 Minuten zweigt der Weg rechts ab und steigt nun kräftig an, bis du nach etwa einer Stunde Gesamtgehzeit die* ❸ Schletteralpe *erreichst. Dort am überdachten* Picknickplatz *und in den bequemen Hängematten legst du eine kleine Pause ein. Von hier aus siehst du auch erstmals die Gipfel der Nagelfluhkette über den Baumwipfeln.*

GIPFELSTURM UND PICKNICKPAUSE

Nun folgst du dem Wegweiser in Richtung „Schwarzer Grat". Nach einer guten halben Stunde mit nur noch geringen Steigungen erreichst du den ❹ Aussichtsturm auf dem Schwarzen Grat. *Der Schwarze Grat ist mit seinen – für Allgäuer Verhältnisse eher bescheidenen – 1118 m Höhe übrigens der höchste Punkt Baden-Württembergs. Von Mai bis Oktober ist an Wochenenden und Feiertagen ein kleiner Kiosk im Aussichtsturm geöffnet. Von der Plattform aus hat du einen herrlichen Blick auf die Alpen, bis zum Säntis in die Schweiz und hinunter zum Bodensee. Wieder am Boden ist an den*

Erst wird gewandert, dann hast du dir die Maultaschen im Haus Tanne verdient

Bänken und Tischen Gelegenheit für ein Picknick, auch ein Spielplatz sowie eine einfache Toilette sind vorhanden. *Folge nun den Wegweisern nach rechts in Richtung Kreuzthal.*

Eine Stunde später kommst du wieder am ⑤ Haus Tanne *(Mo–Fr geschl. | Eisenbach 15 | Tel. 07569 93 00 44 | haustanne.de | €–€€)*

INSIDER-TIPP
Ländlicher Charme

an. Dort erwartet dich zur verdienten Mittagspause eine kleine, aber feine Speisekarte und eine großzügige, schöne Gaststube oder, je nach Wetter, eine einladende Terrasse. *Bevor du zum Parkplatz zurückgehst,* solltest du noch einen Abstecher in die Remise (jährlich wechselnde Ausstellungen) und in die nostalgische Porzellanpuppenwerkstatt von Lieselotte Gorowicz machen.

HIER FINDEST DU WUNDERHÜB- SCHE REISEMITBRINGSEL

Folge dann der Straße ca. 4 km nach Norden, bis du den Parkplatz vor dem ⑥ Glasmacherdorf Schmidsfelden ➤ S. 82 *erreichst.* Das liebevoll restaurierte Dorf ist mit zahlreichen bunten Glasobjekten geschmückt. In der wieder aktiven Glashütte mit Museum kann man die Glasmacher bei der Arbeit beobachten und natürlich auch einkaufen sowie das Glasmagazin besuchen, in dessen 1. Stock eine kleine Ausstellung zum Naturschutzgebiet Adelegg eingerichtet ist. *Am Ende des Dorfes* ist im Glasperlenstudio *(schmuck-stueck.com)* Gelegenheit, nach handgemachtem Schmuck und Accessoires zu stöbern. Wirf zum Abschluss auch einen Blick in die kleine Glasmacherkapelle mit ihrem hübschen Rokoaltar. Die Figuren der Heiligen Agathe und des Heiligen Florian, die als Schutzpatrone gegen Brände verehrt wurden, erinnern daran, dass das Glasmachen eine buchstäblich brand-gefährliche Angelegenheit war.

⑤ **Haus Tanne**

4 km

⑥ **Glasmacherdorf Schmidsfelden**

❹ GENUSSTOUR ÜBER BERG UND TAL BEI BAD HINDELANG

➤ Kleine Bergtour am Imberger Horn
➤ Erfrischungspause im Naturbad
➤ Dem Hammerschmied bei der Arbeit zusehen

📍	Parkplatz Gruebplätzle	🏁	Alpe Kematsried
🔄	7,4 km	🚗	1 Tag, reine Gehzeit 2,5 Stunden
📶	leicht	↗	500 m
ℹ️	Wanderschuhe, Badesachen, evtl. kleines Picknick mitnehmen. Vorsichtig fahren: Die Oberjoch-Passstraße führt über enge Spitzkehren.		

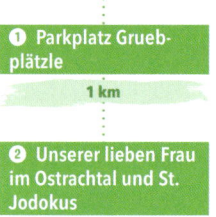

❶ **Parkplatz Gruebplätzle**

1 km

❷ **Unserer lieben Frau im Ostrachtal und St. Jodokus**

4,5 km

DER BERG RUFT!

Der Weg startet in **Bad Oberdorf** am ❶ **Parkplatz Gruebplätzle** an der Ostrach. *Du wendest dich zunächst ortseinwärts über die Hintersteiner Straße und den Schrotweg* hin zum etwas klotzigen Turm der Kirche ❷ **Unserer lieben Frau im Ostrachtal und St. Jodokus** ➤ S. 55. Die Kirche selbst ist kein besonders schön anzusehender Bau von 1938, aber in ihrem Inneren birgt sie einige Kunstschätze: Der Hochaltar gilt als bedeutendstes Werk des Kaufbeurer Bildhauers Jörg Lederer (1519). Zwischen Mittel- und Seitenschiff reitet Jesus auf dem Palmesel – die Figur stammt aus der Zeit um 1470 und wird heute noch zur Palmsonntagsprozession durch den Ort getragen. In der unscheinbaren Seitenkapelle ist ein meisterhaftes Marienbild von Hans Holbein d. Ä. aus dem Jahr 1493 zu sehen.

Nach der Besichtigung gehst du denselben Weg zurück, überquerst am Parkplatz die Ostrach und folgst erst den Weigweisern zum Café Horn, dann denen zur Hornbahn-Bergstation. Der Weg steigt nun steiler an und zieht sich in großen Serpentinen durch den Bergwald,

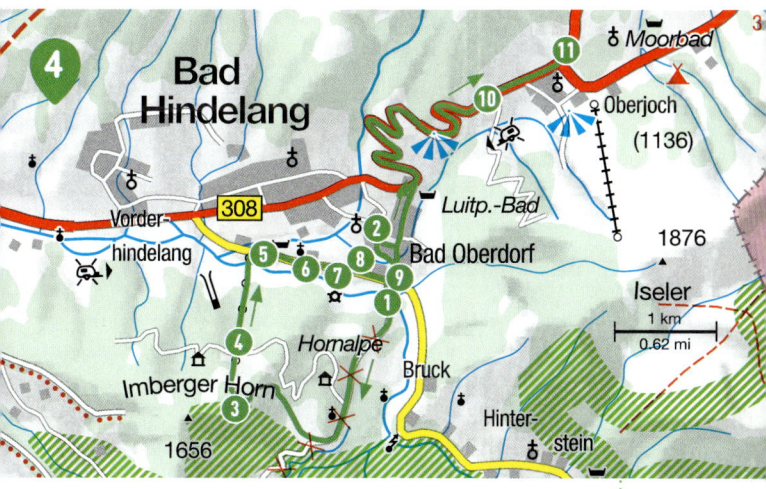

wo du an einigen Stellen einen schönen Blick auf Hinterstein hast. *Schließlich erreichst du die* ❸ **Bergstation der Hornbahn** *(Talfahrt 10 Euro)* mit einer spektakulären Aussicht auf das Ostrachtal und die umgebenden Berge. Falls du unterwegs durstig geworden bist, kannst du auch noch im **Berggasthaus Zum Oberen Horn** *(im Sommer tgl. 9–16.30 Uhr | Tel. 08324 6 51 | zum-oberen-horn.de | €)* einkehren. Dann löst du eine Karte für eine Talfahrt mit der ❹ **Hornbahn** und gleitest entspannt in fünf Minuten ins Tal hinunter.

BAD, SCHMIEDE, KÄSEREI – TYPISCH FÜR HINDELANG!

Gleich gegenüber der Talstation (200 m) kannst du dich im ❺ **Naturbad** *(Ende Mai–ca. Mitte Sept. tgl. 9–19 Uhr, je nach Wetter | 3,90 Euro | Ostrachstr. 21)* mit ein paar Bahnen im angenehm auf 20°C temperierten 50-Meter-Becken erfrischen.

Nach der Badepause *überquerst du erneut die Straße und folgst dem schattigen Wanderweg entlang der Ostrach nach links bis zur Bergwachtstation, bei der du zurück auf die Ostrachstraße gehst.* Dort befindet sich im Schmittenweg 17 die uralte ❻ **Hammerschmiede Bad Oberdorf** ➤ S. 55 von Franz Scholl, wo du dem Ham-

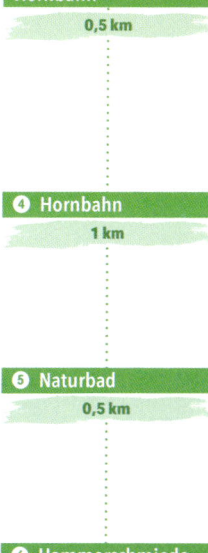

❸ **Bergstation der Hornbahn**

0,5 km

❹ **Hornbahn**

1 km

❺ **Naturbad**

0,5 km

❻ **Hammerschmiede Bad Oberdorf**

0,5 km

In der Hammerschmiede Bad Oberdorf wird noch immer heißes Eisen geschmiedet

⑦ Bio-Schaukäserei Obere Mühle

⑧ Heimatmuseum

0,5 km

⑨ Parkplatz Gruebplätzle

7 km

⑩ Oberjoch-Passstraße

1 km

⑪ Alpe Kematsried

merschmied bei der Arbeit zusehen kannst. Vielleicht möchtest du als Mitbringsel eine Pfanne erstehen? *Folge dann dem Schmittenweg nach Osten bis zur* ⑦ Bio-Schaukäserei Obere Mühle ➤ S. 56, wo es neben Einblicken in die Käserei auch sehr gute Käsesorten zu kaufen gibt. Gleich nebenan ist das kleine ⑧ Heimatmuseum *(tgl. 10–18 Uhr | Eintritt frei | Ostrachstr. 40 | Bad Hindelang)* eingerichtet – die gezeigte „Mächlar-Werkstatt" und die Stuben sind wirklich sehr typisch für das Allgäu. Es ist ein wenig verstaubt, zeigt aber sehr anschaulich, wie man im Ostrachtal früher lebte. *Danach führt der Weg an der Ostrachstraße entlang weiter bis zum Ausgangspunkt der Tour, dem* ⑨ Parkplatz Gruebplätzle.

ZUM TAGESAUSKLANG INS GEMÜTLICHE GASTHAUS

Den Tag kannst du mit einer urigen Einkehr beschließen, steig dazu ins Auto und *fahre nun noch ca. 7 km die wilden Serpentinen der* ⑩ Oberjoch-Passstraße *hinauf bis zur* ⑪ Alpe Kematsried ➤ S. 56 in Oberjoch.

⑤ RADWANDERUNG UM DEN FORGGENSEE

➤ Märchenhaft schöne Landschaft genießen
➤ Kaffeepause am Festspielhaus mit Neuschwansteinblick
➤ Auf den Spuren des Heiligen Magnus wandeln

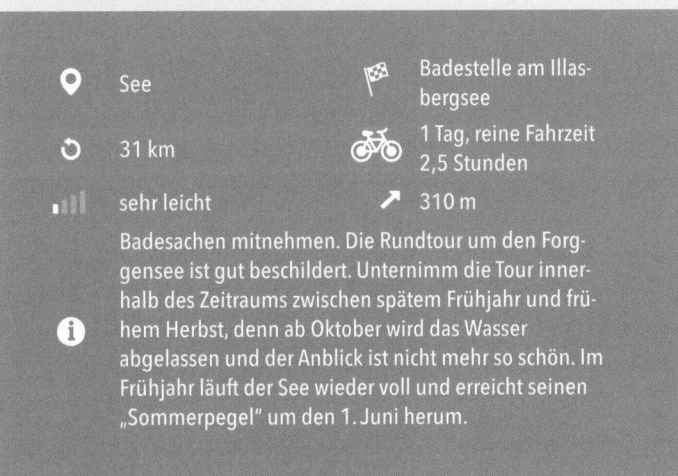

📍 See

🏁 Badestelle am Illasbergsee

🕐 31 km

🚲 1 Tag, reine Fahrzeit 2,5 Stunden

📶 sehr leicht

↗ 310 m

ℹ Badesachen mitnehmen. Die Rundtour um den Forggensee ist gut beschildert. Unternimm die Tour innerhalb des Zeitraums zwischen spätem Frühjahr und frühem Herbst, denn ab Oktober wird das Wasser abgelassen und der Anblick ist nicht mehr so schön. Im Frühjahr läuft der See wieder voll und erreicht seinen „Sommerpegel" um den 1. Juni herum.

SEE UND SCHLOSSBLICK, WAS KÖNNTE SCHÖNER SEIN?

Du startest am Parkplatz vor ❶ See, einem kleinen Weiler am Illasbergsee, und *folgst dem Radweg nach Südosten. Nach dem Weiler Rauhenbichl folgst du der Beschilderung nach rechts und biegst in eine schmale, wenig befahrene Straße ab.* Nach einigen Minuten liegt zu deiner Rechten der ❷ Hegratsrieder See. Der kleine Moorweiher spiegelt den Hof und die kleine Kapelle auf dem Hügel so herrlich wider. Auf einer Schautafel kannst du Wissenswertes zum Biotop-Mosaik dieser Gegend erfahren. *Von hier führt die Route durch sanft gewellte Hügel nach Süden, hinunter nach Waltenhofen. Bieg dann kurz vor Horn links ab in den Schellenweg und folge dann rechts ab dem Radweg parallel zur B17.* ❸ Kurz nach Schwangau solltest du wieder einen Stopp einlegen und den Blick links über die Kuh-

❶ See
6 km

❷ Hegratsrieder See
7 km

❸ Kurz nach Schwangau

1,5 km

weiden hinauf zu Schloss Neuschwanstein ➤ S. 111 schweifen lassen – von hier wirkt es besonders märchenhaft.

LANDSCHAFTEN WIE GEMALT

Anschließend fährst du durch Horn und am Ortsausgang ab von der B17 zurück zum Forchenweg, weiter zum  **❹ Lech-Stauwehr,** das du nach etwas mehr als 1 km erreichst. Während du dein Fahrrad hinüberschiebst, kannst du die einzigartige grünblaue Farbe des Lechs bewundern. *Gleich nach der Staustufe* heißt es schon wieder stehen bleiben: Von hier hast du einen romantischen Blick auf die Altstadt von Füssen ➤ S. 107, auf das Franziskanerkloster und das Hohe Schloss. *Nun folge dem Radweg den Lech entlang zum* **Festspielhaus.** Der **❺ Biergarten** dort ist ein perfekter Ort für einen kleinen Cappuccino. Genieß den wunderbaren Ausblick auf den See, die Ammergauer Alpen und die Königsschlösser. Nach der kleinen Pause fährst du *auf dem Radweg weiter, vorbei am Café Maria und dann die Forggenseestraße entlang nach Osterreinen.*

TRIFF EINEN NETTEN KLEINEN DRACHEN

Nun ist Zeit für die Mittagspause! Dazu machst du Station im **❻ Il Gambero** *(tgl. 12–22.30 Uhr | Bachtalstr. 10 | Tel. 08362 94 12 53 | €–€€).* Die Pizza ist gut, der Service freundlich und der Blick von der Terrasse ebenfalls wunderschön. *Anschließend führt der Radweg etwas vom See weg, denn es gilt den Schleichbach zu überqueren, bevor es wieder hinuntergeht, vorbei am Yachtclub, die Seestraße entlang und dann hinauf zur Tiefentalbrücke.* An deren Ende erwartet dich ein ziemlich niedlicher steinerner **❼ Drache.** Er erinnert an die Legende um den Hl. Magnus, der hier im 8. Jh. siegreich gegen einen bösen Drachen gekämpft hat. *Fahr nun weiter nach Norden. Kurz vor Roßhaupten zweigt die Route rechts ab und du folgst dem Radweg weiter entlang der Forggenseestraße bis zum* **❽ Kraftwerk.** Wenn du links von der Staustufe hinunter auf den gezähmten Lech schaust, kannst du dir vermutlich kaum vorstellen, dass er hier früher mal tosend durch eine Schlucht stürzte, die bei den Flößern gefürchtet war.

❹ Lech-Stauwehr
4 km

❺ Biergarten
4 km

❻ Il Gambero
4 km

❼ Drache
3 km

❽ Kraftwerk
3 km

GLEICH IST ES GESCHAFFT!

Anschließend geht es wieder nach Süden bis zur 9 *Ba-destelle am Illasbergsee. Hier, gleich gegenüber dem Parkplatz, an dem du gestartet bist*, ist der perfekte Ort, um dich abzukühlen: Schwimm bis zur Engstelle der Halbinsel hinaus, die den Illasbergsee vom Forggensee trennt, sieh den Ausflugsbooten zu und gönn dir anschließend ein Eis und einen Kaffee am Kiosk. Das Panorama ist gratis!

INSIDER-TIPP
Cool-down mit Ausblick

9 **Badestelle am Illas-bergsee**

GUT ZU WISSEN

DIE BASICS FÜR DEINEN URLAUB

ANKOMMEN

ANREISE

Hauptzubringer von Norden her ist die A7 Würzburg–Ulm–Kempten. Bei Memmingen kreuzt sie die A96 München–Lindau. Die höchstgelegene Straße führt über den Riedbergpass

GRÜN & FAIR REISEN

Du willst beim Reisen deine CO_2-Bilanz im Hinterkopf behalten? Dann kannst du deine Emissionen kompensieren *(atmosfair. de; myclimate.org)*, deine Route umweltgerecht planen *(routerank. com)* oder auf Natur und Kultur *(gate-tourismus.de)* achten. Mehr über ökologischen Tourismus erfährst du hier: *oete.de* (europaweit); *germanwatch.org* (weltweit).

(1400 m) zwischen Obermaiselstein und Balderschwang. Quer durch das Allgäu führt die „Queralpenstraße" *(deutsche-alpenstrasse.de)*, die Lindau am Bodensee mit dem Königssee bei Berchtesgaden verbindet. Wunderbare Ausblicke genießt du bei Herrgottswiesen (836 m) auf der Strecke Gestratz–Isny. Es gilt: je idyllischer die Gegend, desto schmaler die Sträßchen. Die Ost-West-Achse im Regionalverkehr der Bahn führt von München über Buchloe, Memmingen und einige weitere kleine Bahnhöfe nach Lindau. Die elektrischen Neigetechnikzüge sollen ab dem Fahrplanwechsel Ende 2020 eingesetzt werden. Die Strecke über Kaufbeuren und Kempten wird noch mit Dieselloks betrieben; auf beiden Strecken fahren die Züge derzeit im Zwei-Stunden-Rhythmus.

Unter dem Motto „Bequem ins Allgäu reisen" pickt immer sonntags ein Sonthofener Reisebusunternehmen

Engelsfiguren in der Benediktinerabtei Ottobeuren

Urlauber in 29 Städten an drei deutschen Nord-Süd-Routen auf und setzt sie in 23 wichtigen Allgäuorten ab *(Taxiabholung an der Haustür, Rückfahrt samstags | 169 Euro Hin- und Rückfahrt | Tel. 08321 671022 | komm-mit-reisen.net).* Nach Bad Wörishofen, Füssen, Immenstadt, Kempten, Leutkirch, Memmingen, Oberstdorf, Sonthofen und Wangen fahren auch Fernbusse *(meinfernbus.de).*

Der Allgäu-Airport bei Memmingen wird derzeit nicht von deutschen Städten aus angeflogen. Der Bodensee-Airport Friedrichshafen bedient ganzjährig Düsseldorf, Frankfurt, Hamburg und Berlin (via Frankfurt).

REISEZEIT
Bei Wanderern sind das späte Frühjahr oder der Herbst mit oft beständigem Wetter und guter Fernsicht beliebt. Das Badewetter beschränkt sich auf den Hochsommer, doch auch dann kann es kühle Tage geben. Die beste Wintersportzeit ist meist im Februar und März, das Skigebiet am Nebelhorn ist im April noch in Betrieb.

KLEIDUNG
Wer in höhere Regionen hinaufsteigen oder -fahren möchte, sollte auch an eine Jacke oder einen Pullover denken. Selbst im Sommer können Abende schnell kühler werden, da ist es für einen gemütlichen Abend draußen ebenso gut, wärmere Kleidung im Gepäck zu finden.

WEITER-KOMMEN

ÖFFENTLICHE VERKEHRSMITTEL
Der öffentliche Nahverkehr ist unterschiedlich ausgebaut. Manche Orte

sind ohne Auto nur mühsam zu erreichen. Die Landkreise Ober- und Ostallgäu und die Stadt Kempten haben z. B. einen Verbund organisiert, der sehr gut funktioniert: kurze Intervalle, schnelles Umsteigen, direkte Anschlüsse von Bahn und Bus. Dafür klappt es mit der Anbindung ins West- oder Unterallgäu oft nicht so gut. Im südlichen Ostallgäu fährt man mit der Gästekarte/KönigsCard kostenlos Bus und Bahn *(allgaeu-mobil.de)*. Mit dem Regio-Ticket Allgäu-Schwaben kann man für 23 Euro plus 7 Euro je Mitfahrer einen Tag lang mit der Bahn das Allgäu entdecken. Das Oberallgäu-Ticket gibt es als Tages- und als Urlaubskarte, mit der man beliebig oft in allen Bussen und Nahverkehrszügen (ALEX und DB Regio) des jeweiligen Netzes fahren kann (Tagesticket gesamtes Oberallgäu 15 Euro). Eigene Kinder oder Enkelkinder bis einschließlich 14 Jahre fahren kostenlos mit. Infos zu Bedingungen sowie für Radfahrer gibt es bei der Bahn unter der *Tel. 0180 6 99 66 33 (*)*. Fahrpläne für Busse und Bahnen sind unter „Nahverkehr" auf *oberallgaeu.org* zu finden. Der elektronische Fahrplan für Bayern ist auf *bayern-fahrplan.de* online, der für die Buslinien im Westallgäu auf *bodo.de*.

IM URLAUB

GÄSTEKARTEN ☛

In deiner Unterkunft erhältst du die kostenlose Allgäu-Walser-Card, die u. a. ermäßigten Eintritt bei zahlreichen Freizeiteinrichtungen oder Veranstaltungen und kostenlose oder vergünstigte Teilnahme an geführten Wanderungen gewährt. Auf die Karte kann man die Vielcard *(vielcard.de | ab 54,90 Euro)* für vier, sieben oder 14 Tage aufbuchen, die als Eintrittsticket zu rund 70 Attraktionen wie Erlebnisbädern, Bergbahnen, Museen im Oberallgäu und Kleinwalsertal gilt. Auch das ÖPNV-Urlaubsticket (ab 17 Euro) zur freien Nutzung von Bussen und Bahnen in diesem Gebiet ist aufbuchbar. Im Ost- und Oberallgäu gibt es bei etlichen Anbietern zusätzlich die ebenfalls kostenlose Königs-Card für Gratiseintritte bei 250 Erlebnisangeboten.

Planst du, in Oberstdorf zu übernachten, frag bei der Buchung danach, ob dein Gastgeber das Paket „Bergbahnen inklusive" anbietet. Damit sind von Mitte Mai bis Anfang November die Bergbahnen in Oberstdorf und im Kleinwalsertal für dich kostenlos!

Etwa 220 Gastgeber halten die Gästekarte Bad Hindelang Plus bereit, die zusätzlich zu den Vergünstigungen der normalen Gästekarte etliche Gratisleistungen enthält.

Gastgeber in Oberstaufen geben die Karte Oberstaufen-Plus *(oberstaufen-plus.de)* aus. Mit ihr kannst du Museen, Bäder und Bergbahnen im Gemeindegebiet gratis besuchen bzw. nutzen, im Winter dient sie auch als Skipass.

AUSKUNFT

Oberallgäu: *oberallgaeu.de*. Eine Liste aller Gästeinformationen in den einzelnen Urlaubsorten gibt es hier:

FESTE & EVENTS
RUND UMS JAHR

FEBRUAR/MÄRZ
Fasnets-/Faschingsumzüge
Funkenfeuer 1. So in der Fastenzeit

APRIL
Traditioneller Georgiritt auf dem Auerberg. *georgirittverein-auerberg.de*
Rockfrühling (Untrasried): Livebands und 10 000 Besucher in einem 800-Seelen-Dorf. *rockfruehling.de*
Go to Gö: Livemusik und Malle-Party in Görisried. *go-to-goe.de*
Kemptener Jazzfrühling in der Altstadt (Foto). *klecks.de/jazzfruehling*

JUNI
Füssen in der Renaissance: Historische Festumzüge und Mittelaltermarkt

JULI
Tänzelfest (Kaufbeuren): Historisches Fest mit Lagerleben und Umzügen. *taenzelfest.de*
Fischertag (Memmingen): Hunderte Stadtbachfischer kämpfen um den Titel „Fischerkönig". *fischertagsverein.de*

AUGUST
Allgäu-Triathlon (Immenstadt): Kultevent der Szene. *allgaeu-triathlon.de*
Märchensommer Allgäu (Kempten): Familien-Freilichttheater mit Musik. *maerchensommer-allgaeu.de*
Allgäuer Festwoche (Kempten): einmalige Mischung aus Wirtschaftsmesse und Sommerfest. *festwoche.com*

SEPTEMBER
Viehscheid: Festlicher Almabtrieb. Termine und Orte: *allgaeu-viehscheid.de*

OKTOBER
Colomansfest (Schwangau): 200 geschmückte Pferde mit Reitern in Tracht bei der Kirche St. Coloman
Jochpass Memorial: Internationales Oldtimerrennen mit langer Tradition. *jochpass.com*

NOVEMBER/DEZEMBER
Erlebnisweihnachtsmarkt in Bad Hindelang. *hindelanger-weihnachtsmarkt.de*

oberallgaeu.de/gaesteinformationen-
oberallgaeu
Westallgäu: *Tel. 08382 27 04 33 |
westallgaeu.de*
Unterallgäu: *Tel. 08261 99 53 75 |
freizeit-unterallgaeu.de*
Ostallgäu: *Tel. 08342 91 15 06 |
schlosspark.de*

BAUERNHOFURLAUB

Der Verein *Mir Allgäuer* vermarktet
unter *allgaeu-urlaubaufdembauern
hof.de* 6200 Betten in 500 Bauernhö-
fen (darunter 25 Alphütten) im gan-
zen Allgäu. Biobauernhöfe werden
unter *bioferien-allgaeu.de*, einer Seite
des *Biorings Allgäu*, vorgestellt. Die
*Allgäuer Kräuterlandhöfe (allgaeuer-
kraeuterland-hoefe.de)* haben sich
ebenfalls zu einem eigenen Verbund
zusammengeschlossen.

WAS KOSTET WIE VIEL?

Souvenir	5–15 Euro *kleine Deko-Kuhglocke*
Kaffee	1,80–3,50 Euro *für eine Tasse*
Bier	2,80–4,50 Euro *für einen halben Liter*
Essen	8,90–12,90 Euro *für eine Portion Kässpatzen*
Heimisches	ab 25 Euro *Käspatzenschüs- sel aus Keramik*
Bergbahn	15,50–37 Euro *für eine Berg-und- Tal-Fahrt (Sommer)*

BERGHÜTTEN

Die Allgäuer Berghütten bieten Wanderern Rast und Matratzenlager oder
einfache Unterkunft (reservieren!). Je
nach Wetterlage werden die Hütten
ab Mitte Mai geöffnet und im Oktober
geschlossen. Auf der Webseite des
Deutschen Alpenvereins gibt es eine
Hütten-Suchfunktion *(alpenverein.de/
huettensuche)*. Oberstdorf betreibt
eine eigene Seite zur Alpinfo
(oberstdorf.de/alpininfo), auf der auch
die Hütten der näheren Umgebung
mit ihren Öffnungszeiten und ihrer
Begehbarkeit verzeichnet sind.

CAMPING

Rund drei Dutzend Plätze gibt es im
Allgäu, von denen sich viele an Seen
oder in Panoramalage befinden. Allein an Forggen-, Bannwald- und
Hopfensee gibt es fünf Plätze. Allerdings sind sie in der Hochsaison oft
lange im Voraus ausgebucht. Manche
Plätze bieten auch Ferienwohnungen,
Bauernhofanschluss oder Kuranwen-
dungen. *camping.info*

INTERNETZUGANG & WLAN

Im Allgäu muss man mit mehr Funk-
löchern rechnen als in Ballungsgebie-
ten. In fast jedem größeren Ort bieten
Hotels und Verkehrsbüros kostenloses
WLAN und es gibt weitere WLAN-Hot-
spots, die mit der jeweiligen Gästekarte gratis nutzbar sind.

JUGENDHERBERGEN

Jugendherbergen findest du in Füssen, Lindau, Oberstdorf-Kornau sowie
in Ottobeuren. Infos: *Tel. 05231
7 40 10 | djh.de*

NOTFÄLLE

NOTRUFE:

– Notarzt, Feuerwehr: *Tel. 1 12*
– Polizei: *Tel. 1 10*

Bei einem Notfall in den Bergen verwendet man akustische oder optische Zeichen, etwa Pfeifen, Rufen oder Blinklicht: sechsmal in der Minute, eine Minute Pause und Wiederholung. Die Antwort: Zeichen dreimal in der Minute; es bedeutet „Verstanden" oder „Rettung unterwegs".

WICHTIGE HINWEISE

KLEIDUNG UND SCHUHE

Wegen der Zecken, die Borreliose und FSME übertragen können, solltest du in hohem Gras und im Wald lange Beinkleidung tragen! Immer wieder sind Wanderer in Turnschuhen, Trekkingsandalen oder gar Flipflops im hochalpinen Bereich unterwegs – in den Bergen ist wegen der Verletzungsgefahr aber Schuhwerk angebracht, das über die Knöchel reicht.

NATURGEFAHREN

Im Frühjahr bedrohen Lawinen Ski- und Snowboardfahrer, die sich abseits gesicherter Pisten bewegen, Bergsteigern werden Altschneefelder gefährlich, die als Rutschbahn in die Tiefe führen. Im Sommer können plötzliche Wetterumschwünge, Gewitter und Erdrutsche Wanderer in Gefahr bringen. Deshalb solltest du immer den Wetterbericht studieren, bevor zu losziehst und dem Rat erfahrener Führer und Bergretter folgen.

WETTER IN OBERSTDORF

Hauptsaison
Nebensaison

	JAN.	FEB.	MÄRZ	APRIL	MAI	JUNI	JULI	AUG.	SEPT.	OKT.	NOV.	DEZ.
Tagestemperaturen	2°	4°	8°	12°	17°	20°	21°	21°	18°	13°	7°	3°
Nachttemperaturen	-7°	-6°	-3°	0°	5°	8°	10°	10°	7°	3°	-2°	-6°
Sonnenschein Stunden/Tag	3	3	4	5	5	6	7	6	6	5	3	2
Niederschlag Tage/Monat	16	15	19	19	20	22	22	20	18	17	17	18

☀ Sonnenschein Stunden/Tag   ⛈ Niederschlag Tage/Monat

URLAUBS FEELING
ZUM EINSTIMMEN & AUSKLINGEN

LESESTOFF & FILMFUTTER

📖 HISTORISCHE BILDER AUS DEM ALLGÄU

Der Band (2010) enthält 350 zuvor unveröffentlichte Schwarz-Weiß-Fotos von Lala Aufsberg (1907–1976), die zeigen, wie das Leben hier früher wirklich war. *Brack-Verlag*

📖 DER SELBSTVERSORGER; HEILKRÄUTER UND ZAUBERPFLANZEN

Titel wie diese haben den Ethnobotaniker und Schamanen Wolf-Dieter Storl bekannt gemacht. Er lebt in der Adelegg bei Isny im Wald, hält auch Vorträge und leitet Seminare und Kräuterwanderungen. *storl.de*

📖 KOMMISSAR KLUFTINGER

Von „Milchgeld" bis „Kluftinger", dem zehnten Band der Reihe: Die Krimis des Autorenduos Volker Klüpfel und Michael Kobr um den grantelnden Kommissar Kluftinger stehen konstant auf den Bestsellerlisten. *Kluepfel-kobr.de*

🎥 LUFT UNTER DEN SOHLEN; AUF SCHMALEM GRAT

Zwei faszinierende Bergfilme (2015, bzw. 2012 gedreht) über abenteuerliche Klettertouren in den Allgäuer Alpen von Jürgen Schafroth. *allgaeufilm.de*

PLAYLIST QUERBEET

0:58

‖ KERBERBROTHERS ALPENFUSION – DAS ALPHORN ROOVT
Zu einem ganz neuen Musikstil verbinden sich hier alpenländische Volksmusik und Jazz

▶ LOSAMOL – NAUF AUF DIE BANK (ALLGÄUER FESTWOCHE)
Original Allgäuer Reggae fürs Festzelt und zum Abtanzen

▶ VIVID CURLS – GANZ OIFACH IT MIAD
Zwei Allgäuerinnen singen Folk-Rock mit Texten zum Nachdenken

▶ LUDARLEABE – NO FAHR I RICHTUNG ALLGÄU
Eine Mischung aus Allgäu-Folk und Wirtshausmusik mit frischen, jungen Stimmen und humorvollen Texten

▶ ALLGÄUER DURANAND – ALLGÄULAND
So frech kann traditionelle Musik sein: witzig-kritische Verse zu Volksmusik

Den Soundtrack zum Urlaub gibt's auf **Spotify** unter **MARCO POLO** Allgäu

Oder Code mit Spotify-App scannen

AB INS NETZ

TIEF-IM-ALLGAEU.DE
Blog der MARCO POLO-Autorin jenseits von Tourismuswerbung und Hochglanz-PR, Posts z. B. zu Touren, Museen, Restaurants und Brauchtum

JONATHANBESLER.DE/VIDEOS
Der junge Fotograf Jonathan Besler aus Bad Hindelang zeigt traumhaft schöne Zeitrafferfilme

ALLGAEU.DE
Auftritt der Allgäu GmbH mit u.a. Veranstaltungskalender für die gesamte Region

ALLGAEU-CAM.DE
Diese Live-Webcams zeigen dir, ob es vor Ort bspw. bereits schneefrei ist

BERGSCHOEN.NET
Hier gibt es Ausflugstipps, Tourenbeschreibungen und auch Videos mit Schwerpunkt Oberallgäu, Kleinwalsertal und Tannheimer Tal

ALLGÄU
Die offizielle Allgäu-App mit digitalem Reiseführer zur Wandertrilogie und Radrunde Allgäu, Tourenplaner und Gipfelfinder

TRAVEL PURSUIT

DAS MARCO POLO URLAUBSQUIZ

Weißt du, wie das Allgäu tickt? Teste hier dein Wissen über die kleinen Geheimnisse und Eigenheiten von Land und Leuten. Die Lösungen findest du in der Fußzeile. Und ganz ausführlich auf den S. 18–23.

❶ Wonach duftet das Allgäu im Frühling am intensivsten?
a) Nach Erde
b) Nach Bschütte
c) Nach dem Rauch der Holzöfen

❷ Welche Farbe hat das Allgäu Ende April/Anfang Mai?
a) Blau wie der Flachs
b) Grün wie die Wiesen
c) Gelb wie der Löwenzahn

❸ Welche Eigenschaften werden einem Mächlar nachgesagt?
a) Er ist ein handwerklich geschickter Tüftler
b) Er ist eher ein maulfauler Typ
c) Er ist ein geselliger Mensch

❹ Wie nennt man im Allgäuer Dialekt ein junges Mädchen?
a) Wiib
b) Fehl
c) Dirn

❺ Welches Brauchtum pflegt man im Allgäu zum Fest Mariä Himmelfahrt?
a) Kräutertee mischen
b) Kräuterboschen binden
c) Mit Kräutern das Haus räuchern

❻ Welchen Beinamen bekam der heilkundige Pfarrer Kneipp von den Allgäuern?
a) Der Kräuterweise
b) Der Bewegungspapst
c) Der Wasserdoktor

Blick auf den Tegelberg

❼ Welcher der folgenden Allgäuer Seen ist künstlich aufgestaut?
a) Großer Alpsee
b) Grüntensee
c) Hopfensee

❽ Wie heißen die weiblichen Gegenstücke zu den wilden Klausen?
a) Bärbele
b) Wildawiiba
c) Mädele

❾ Welche Kulturpflanze wurde vor ca. 200 Jahren nach und nach von der Baumwolle verdrängt?
a) Flachs
b) Hanf
c) Sisal

❿ Wie heißt der Heilige, der als Schutzpatron des Allgäus gilt?
a) Der heilige Magnus
b) Der heilige Columban
c) Der heilige Gallus

⓫ Wer ist auch als „Alpkönig" bekannt?
a) König Ludwig II.
b) Maxi Schafroth
c) Carl Hirnbein

⓬ Woran erinnern Oberstaufener zu Fasching mit Umzug und Fahnenschwingen?
a) An das Ende der Pestepidemie vor 400 Jahren
b) An das Ende der Winterzeit
c) An die Christianisierung des Allgäus

REGISTER

Adelegg 67, 142
Akams 51
Alatsee 111
Allgäuer Bergbauernmuseum 54
Alpsee (Schwangau) 117
Alpsee Bergwelt 54
Alpspitz 35
Altusried 47
Ammergebirge (Naturschutzgebiet) 117
Aqua Mundo 83
Arnach 72
Auerberg 103, 139
Baad 64
Bad Faulenbach 107
Bad Grönenbach 31
Bad Hindelang 34, **55**, 138, 139
Bad Oberdorf 55, 130
Bad Wörishofen 18, 85, **94**, 136
Bad Wurzach 70
Badsee Beuren 82
Balderschwang 58
Bannwaldsee 117, 140
Bergbauernmuseum (Immenstadt-Diepolz) 54
Bleckenau 116
Bolsterlang 33, 58, 59
Breitachklamm 64
Buchloe 136
Bühl 51, 53
Burgberg 23, **60**
Buxheim 89
Diepolz 51
Dietmanns 72
Dietmannsried 32
Drehhütte 117
Eckarts 51
Eisenbachtal 128
Eisenberg 106
Eistobel **82**, 120
Ellerazhofer Weiher 126
Ellhofen 79
Eschacher Weiher 32
Falkenstein 106
Fellhorn 65, 121
Fellhornbahn 65
Fischen 35, 58, 59
Forggensee 23, 32, 107, 110, 117, **133**, 140
Freibergsee 63
Füssen 35, 97, **107**, 122, 136, 139, 140
Görisried 139
Gottesackerplateau 65
Großer Alpsee (Immenstadt) 32, **53**
Grünten 60
Grüntensee 23, 32
Haldenmühle 32

Haselburg 126
Hegratsrieder See 133
Heilbronner Weg 63
Heini-Klopfer-Schanze 65
Herlazhofen 125
Herlazhofer Weiher 126
Herrgottswiesen 136
Hindelanger Klettersteig 63
Hinterstein 21, 55, 56, 57
Hinterweiher 126
Hirschegg 64
Hochalpe 106
Hochgrat 49
Hohenfreyberg 106
Hohenschwangau 96, 111, 114, **115**, 122
Hoher Ifen 64
Höllhörner 64
Hopfen 107, 140
Hörnerdörfer 58
Hündle 49
Illasbergsee 133
Illerbeuren 119
Illerwinkel 90
Imberg 49
Imberger Horn 35, 56, 131
Immenstadt 23, **51**, 136, 139
Irsee 28, 102
Isny 31, 35, **80**, 139
Jungholz 35, **57**, 139
Kalden 47
Kanzelwand 64
Kappel 106
Katzbrui-Mühle 93
Kaufbeuren 31, 97, **100**, 123, 139
Kempten 15, 32, **42**, 120, 136, 137, 139
Kißlegg **73**, 119, 124, 127
Kleiner Alpsee (Immenstadt) 53
Kleinwalsertal **65**, 138
Knechtenhofen 51
Knottenried 51
Köngetried 94
Kornau 140
Kreuzthal 127
Lechfall **109**, 123, 134
Leutkirch **83**, 136
Lindenberg **79**, 120
Mangfall 109
Marktoberdorf 23, 97, **102**
Meilingen 106
Memmingen 34, 84, **88**, 119, 136, 139
Mindelheim 23, 84, **92**
Missen 47
Mittagberg 33, 35, 52
Mittelberg 64
Museum der Bayerischen Könige **114**, 122
Nagelfluhkette 49

Nebelhorn 33, 35, 62
Nebelhornbahn **62**, 121
Nesselwang 97, 103
Neugablonz 31, **100**
Neuravensburg 77
Neuschwanstein 15, 96, **111**, 122
Obergünzburg 23
Oberjoch 35, 55, 56, 132
Oberjoch-Passstraße 132
Obermaiselstein 35, **58**, 59
Oberstaufen 23, **48**, 138
Oberstdorf 31, 33, 35, **61**, 120, 136, 138, 140
Oberthingau 23
Ofterschwang 34, **58**, 59
Ofterschwanger Horn 35
Opfenbach 34
Ottobeuren **90**, 123, 140
Pfänder 78
Pfronten 96, **105**
Pöllatschlucht 116
Rauhenzell 51
Reichenbach 63
Riedberger Horn 21
Riedbergpass 136
Riedbergpassstraße 58
Rieden-Österreinen 134
Riezlern 64
Röfleuten 105
Rötenbach 73
Rottachsee 23
Roßhaupten 34
Scheidegg 26, **77**, 120
Scheidegger Wasserfälle 78
Schletteralpe 128
Schlossanger Alp 105
Schmidsfelden 31, 82, 129
Schwäbisches Bauernhofmuseum 90
Schwangau **117**, 122, 139
Schwansee 117
Schwarzer Grat 128
Seeg 32
Simmerberg 79
Skywalk Allgäu **78**, 120
Söllereck 35, **64**
Sonthofen 20, 31, 32, **60**, 137
Sorgschrofen 57
Speiden 106
St. Coloman 117
Starzlachklamm 33, **61**
Steibis 48
Stein 51
Stötten 103
Stöttener Moor 103
Stuibenfälle 33
Sturmannshöhle 58
Tegelberg 33, **117**
Thal 31
Tiefenbach 31

Unterjoch 35, 55
Vilstalsäge 106
Walmendingerhorn 64
Wangen **74**, 137, 139
Wasserfälle Scheidegg 78

Weiler 33, 79
Weingarten 139
Weitnau 47
Weißensee 107
Wertach 139

Wildpoldsried 23
Wilhams 47
Wolfegg 72
Wurzacher Ried 70
Zell 50

LOB ODER KRITIK? WIR FREUEN UNS AUF DEINE NACHRICHT!

Trotz gründlicher Recherche schleichen sich manchmal Fehler ein. Wir hoffen, du hast Verständnis, dass der Verlag dafür keine Haftung übernehmen kann.

MARCO POLO Redaktion • MAIRDUMONT • Postfach 31 51 73751 Ostfildern • info@marcopolo.de

Impressum
Titelbild: Oberallgäu, Oberstdorf, Bauernhaus (Schapowalow: R. Schmid)
Fotos: Autorenbild: B. Kettl-Römer (126); DuMont Bildarchiv: Kreder (28, 57), T./R. Roetting/Pollex (12/13); R. Freyer (100/101, 115); huber-images: Alfeld (8), Bäck (50), Huber (116), L. Huber (110/111), J. Kaas (118/119), R. Schmid (49, 49, 61, 72, 76, 108); B. Kettl-Römer (147); laif: T. Gerber (9, Laif: T. Gerber (80), G. Hänel (84/85), Lengler (30/31), G. Standl (26/27), C. Zahn (142/143); Laif/SZ Photo: J. Eckel (11); Look: T. Lamm (10), D. Schönen (14/15), H. Wohner (144/145), H. & D. Zielske (91, 136/137); Look/robertharding (52/53); mauritius images: H. Kehrer (20/21), B. Kickner (126), B. Römmelt (31), A. Werth (65); mauritius images/Alamy: M. Ritrich (62), A. Rochau (58); mauritius images/Chromorange: W. Thoma (6/7); mauritius images/imageBROKER (96/97, K. Kreder (45, 124), M. Siepmann (22); mauritius images/Travel Collection: T. Langlotz (46); mauritius images/Westend61 RF: W. G. Allgöwer (2/3); mauritius images/Westend61: M. Siepmann (103); picture alliance: R. Eisele (Klappe aussen vorne, Klappe innen vorne, 1), J. Stratenschulte (79); picture alliance/Arco Images (18); picture alliance/Chromorange: F. Röder (38/39); picture alliance/dpa (71, 107, 122, 139); picture alliance/DuMont Bildarchiv: M. Heimbach (24/25), K. Kreder (95), T./R. Roetting/Pollex (Klappe hinten, 32/33, 35, 83, 112); picture alliance/Foodcollection (27); M. Siepmann (75); vario images/imageBROKER (66/67, 92, 104, 132); vario images/Westend61 (88)

13. Auflage 2021, komplett überarbeitet und neu gestaltet
© MAIRDUMONT GmbH & Co. KG, Ostfildern
Autorinnen: Barbara Kettl-Römer, Andrea Reidt
Redaktion: Leonie Neumann
Bildredaktion: Ina-Marie Inderka
Kartografie: © MAIRDUMONT, Ostfildern (S. 36–37, 121, 125, 129, 131, 135, Umschlag außen, Faltkarte);
© MAIRDUMONT, Ostfildern, unter Verwendung von Kartendaten von OpenStreetMap, Lizenz CC-BY-SA 2.0 (S. 40–41, 43, 68–69, 86–87, 98–99)
Als touristischer Verlag stellen wir bei den Karten nur den De-facto-Stand dar. Dieser kann von der völkerrechtlichen Lage abweichen und ist völlig wertungsfrei.
Gestaltung Cover, Umschlag und Faltkartencover: bilekjaeger_Kreativagentur mit Zukunftswerkstatt, Stuttgart;
Gestaltung Innenlayout: Langenstein Communication GmbH, Ludwigsburg
Texte hintere Umschlagklappe: Lucia Rojas
Konzept Coverlines: Jutta Metzler, bessere-texte.de

Printed in China

MIX
Paper from responsible sources
FSC® C124385

MARCO POLO AUTORIN
BARBARA KETTL-RÖMER
Seit 25 Jahren lebt die Autorin im Allgäu, seit 2012 bloggt sie über das Allgäu, seit 2016 schreibt sie Allgäu-Reiseführer – und noch immer kann sie an keiner Kuh auf der Weide vorbeigehen, ohne ein Foto machen zu wollen. Glücklicherweise sind Kühe recht neugierig, sodass es mit den Kuhporträts oft klappt und die Sammlung immer weiter anwächst …

BLOSS NICHT!

FETTNÄPFCHEN UND REINFÄLLE VERMEIDEN

DAS GRÜSSEN VERGESSEN

Nur ein „Muhagl" (manierenloser Mensch) geht grußlos am anderen vorüber. Auf dem Land gehört es sich, Passanten auf Wanderwegen und einsamen Dorfstraßen mit einem freundlichen „Grüß Gott!" zu grüßen. Dasselbe gilt für Bedienungen in Läden und Cafés.

DIALEKT NACHSCHWÄTZEN

Nicht jeder Allgäuer redet Dialekt, aber wer es tut, weiß, dass „Auswärtige" es nicht tun. Zwar freut man sich, wenn Besucher zur Begrüßung „Grüß Gott" sagen, aber mehr oder weniger unbeholfene Versuche, im Gespräch den Allgäuer Dialekt nachzuahmen, stoßen auf Verwunderung bis Erheiterung.

KÜHE ERSCHRECKEN

Auf den Alpweiden laufen die Kühe frei herum. Sie sind grundsätzlich freundlich und neugierig, aber schnelle Bewegungen, laute Geräusche und vor allem Hunde machen sie nervös. Wer eine Alpweide quert, sollte also leise sprechen, in gleichmäßigem Tempo gehen, Abstand halten und keinesfalls mit Stöcken oder ähnlichen „Waffen" herumfuchteln.

ESSEN IN DEN BIERGARTEN MITBRINGEN

Ja, im klassischen bayerischen Biergarten darf man traditionell die Brotzeit selbst mitbringen und muss nur das Bier kaufen. Aber in den meisten Allgäuer Biergärten zeigt man jenen Gästen die rote Karte, die dort die eigene Brotzeit auspacken. Dafür ist das Bier aber billiger.

ALLGÄUER ALS SCHWABEN BEZEICHNEN

Na gut, historisch und politisch gesehen sind die Allgäuer Schwaben. Gefühlt sind sie aber eine ganz eigene Gruppe, mit eigener Sprache, eigenen Bräuchen und Gepflogenheiten – Allgäuer eben. Wobei auch innerhalb des Allgäus ein gewisses Gefälle besteht: Für die Kemptener sind die Memminger „Unterländer" (also weniger echte Allgäuer) und für einen Oberstdorfer ist sowieso jeder, der nördlicher als Fischen lebt, aus dem Unterland.